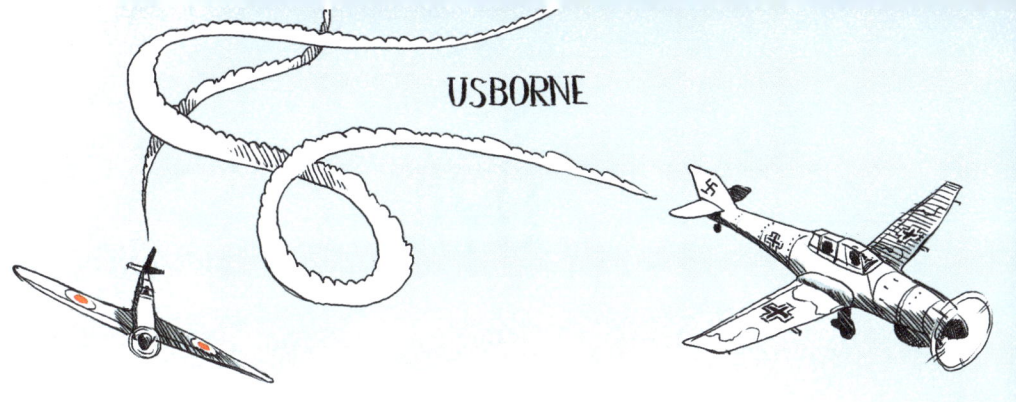

USBORNE

한 권으로 끝내는 이야기
세계사

루스 브로클허스트, 헨리 브룩 글
애덤 라컴 그림 / 양혜진 옮김

차례

6-47쪽
고대 세계
빙하 시대 이후

110-153쪽
현대 세계
1750년대 이후

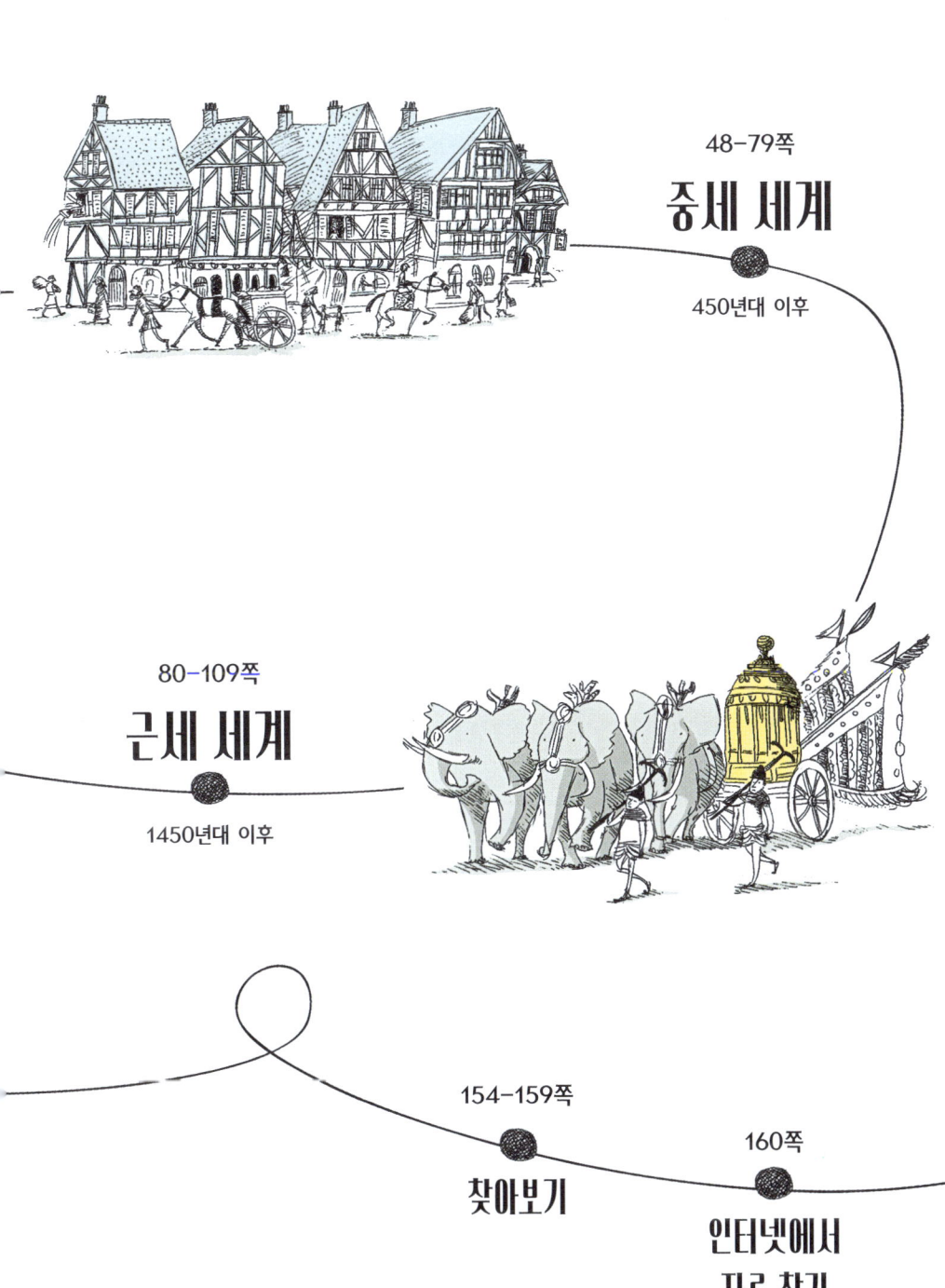

48-79쪽
중세 세계
450년대 이후

80-109쪽
근세 세계
1450년대 이후

154-159쪽
찾아보기

160쪽
인터넷에서 자료 찾기

제1부
고대 세계

빙하 시대 이후

빙하 시대의
굶주린 사냥꾼

연대를 나타내는 표시
연대는 예수가 태어난 해를 기준으로 나타내요.
예수가 태어나기 이전은 '기원전', 이후는 '기원후'(또는 '서기')라고 하는데,
'기원후'는 대개 생략해요.

선사 시대 사람들

사람들은 아주 옛날부터 지구에 살아왔어요. 약 500만 년 전부터 아프리카 대륙에는 인간과 비슷한 생명체들이 존재했어요. 하지만 현생 인류의 조상인 '호모 사피엔스'는 30만-20만 년 전쯤 처음 등장했어요.

인류, 퍼져 나가다

> **역사란?**
> 역사란 사람들이 남긴 물건과 흔적, 무엇보다 글로 남긴 기록을 바탕으로 과거를 연구하는 학문이에요. 하지만 수렵·채집인들은 글을 쓰거나 읽을 줄 몰랐어요. 그래서 역사가들은 이 시기를 역사 시대보다 앞선 시대라는 뜻으로 '선사 시대'라고 불러요.

선사 시대 사람들은 작은 무리를 이뤄 여기저기 옮겨 다니며 살았어요. 먹을 수 있는 식물을 채취하고 낚시와 사냥을 해서 식량을 얻었어요. 그리고 동물 가죽과 나뭇가지로 지은 움막이나 동굴에서 잠을 잤어요.

이런 삶은 몹시 고되었어요. 수렵·채집인들은 먹을거리를 찾아 아프리카에서 아시아로, 이어서 유럽으로 옮겨 갔어요. 그중 일부는 오스트레일리아까지 건너갔어요.

약 3만 년 전, 지구에 '빙하기'라는 혹한기가 찾아왔어요. 육지 대부분이 얼어붙고 해수면이 낮아지자, 사람들은 아시아 대륙에서 아메리카 대륙까지 걸어서 바다를 건넜어요.

털매머드(멸종 동물)

빙하기의 사냥꾼

늘 다음 끼닛거리를 찾아 헤매야 한다면 삶의 즐거움을 누릴 여유가 없을 거예요. 하지만 빙하기의 사냥꾼들은 단지 끈질긴 생존자만은 아니었어요. 그들은 발명가이자 예술가, 수공업자이기도 했지요.

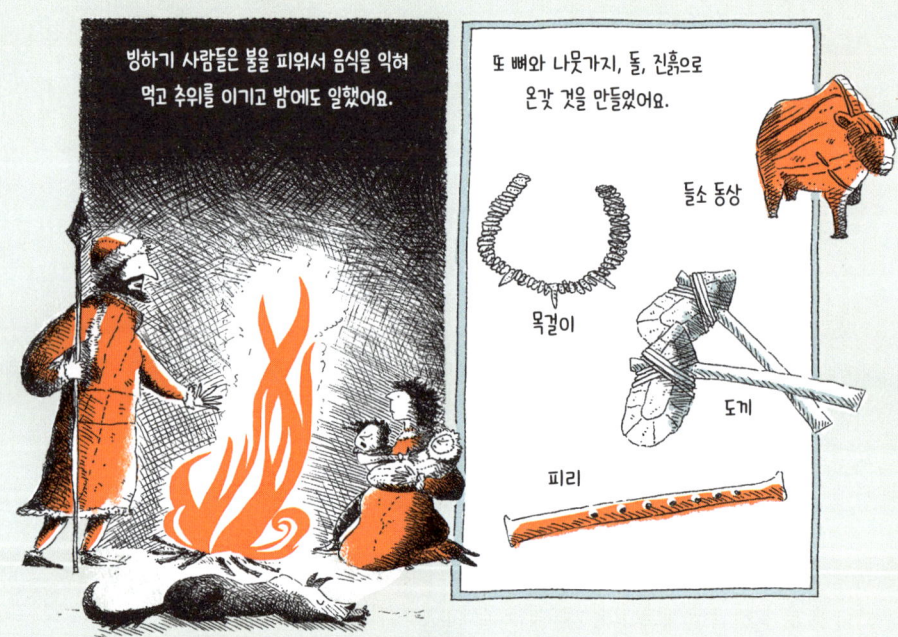

개를 길들여 사냥에 이용했고 친구로 삼았어요.

해빙기에 접어들면서 기온은 차츰 오르고, 얼음과 눈으로 뒤덮인 땅은 울창한 초원과 숲으로 변해 갔어요. 수렵·채집인들은 새롭게 나타난 동물들을 쫓아 이동했어요. 이따금 먹을거리가 넘쳐 나는 곳을 찾으면 그 곳에 터를 잡았지요. 마침내 빙하기는 막을 내렸어요.

1만 2,000년 전 : 최초의 농부 · 최초의 도시

농사와 정착

고대 밀인 일립게밀

수렵·채집인의 생활 양식은 수천 년간 이어졌어요. 하지만 몇몇 지역에서는 사람들이 농사 방법을 터득하면서 한곳에 정착하기 시작했어요. 중동 지역에서 처음 농사를 짓고, 가축을 치고, 초기 형태의 밀과 보리와 채소류를 재배했어요. 아프리카에서는 수수를, 중국에서는 쌀을 처음으로 수확했어요.

도시와 교역

농부들은 여럿이 함께 일하면 식량을 더 많이 생산할 수 있다는 사실을 깨달았어요. 공동체가 더욱 커지자 마을과 도시가 생겨났고, 왕과 사제가 나타나 통치를 책임졌어요.

필요한 양보다 많은 식량을 생산해 내는 지역에서는 남는 시간에 도예, 실잣기, 옷감 짜기 같은 수공업을 발달시킬 수 있었고, 훗날 금속 가공도 가능해졌어요. 물품과 작물을 다른 사람과 맞바꿔서 부자가 되는 사람도 생겼어요.

기원전 3500년 이후 : 고대 문명

고대 문명

그다음으로 인간 생활 양식에 찾아든 큰 변화는 무엇일까요? 사람들이 더욱 조직화되어 거대한 도시와 대규모 구조물을 세웠고, 문자를 발명했어요. 역사가들은 이를 '문명'이라 불러요.

양날 도끼

크레타 문명
기원전 2500-기원전 1500년

지구라트

수메르 문명
기원전 3500-기원전 2000년

호랑이와 새 청동상

중국 상나라
기원전 1765-기원전 1027년

피라미드

고대 이집트 문명
기원전 3100-기원전 30년

인더스 문명
기원전 2500-기원전 1800년

왕 혹은 사제의 석상

기원전 3500년 이후 : 고대 문명

대개는 큰 강이 흐르는 비옥한 골짜기에서 문명이 최초로 생겨났어요. 지금으로부터 5,500년 전인 기원전 3500년에 중동에서 수메르 문명이 최초로 번성했어요.

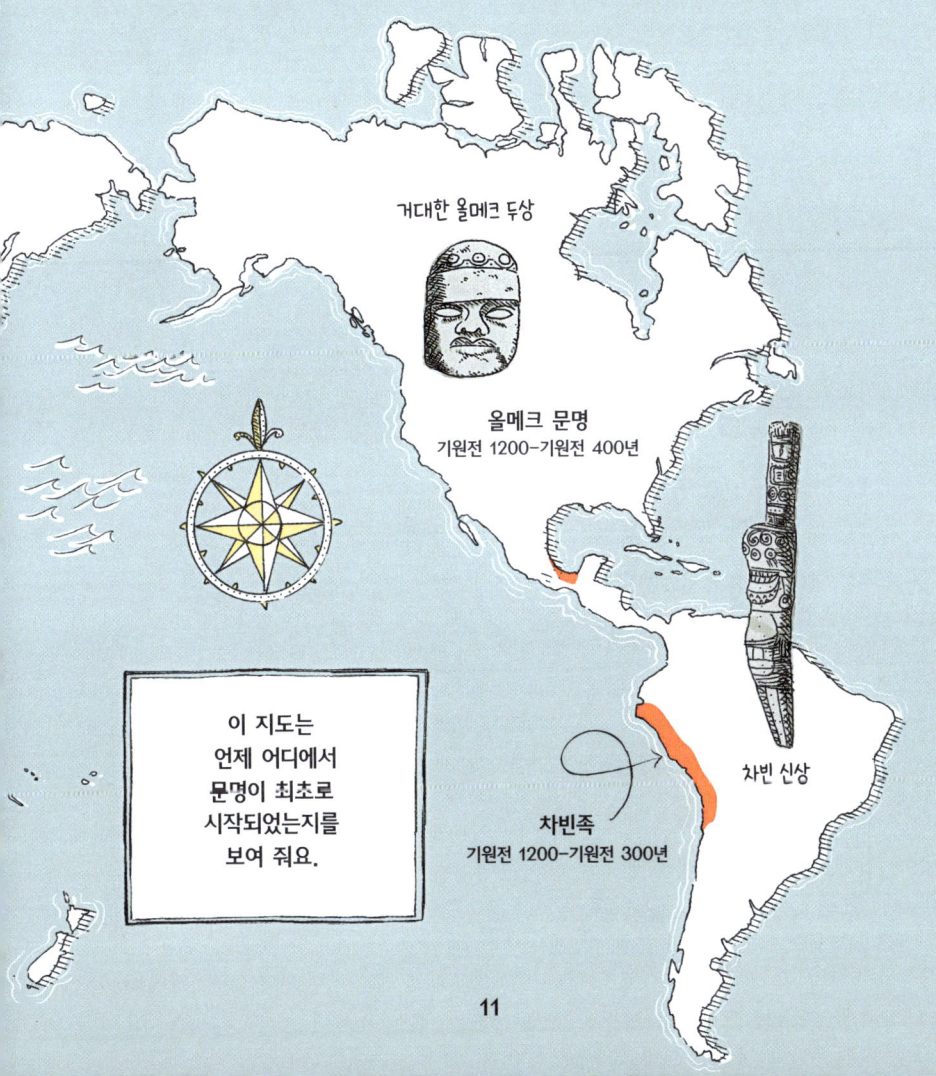

거대한 올메크 두상

올메크 문명
기원전 1200-기원전 400년

차빈 신상

이 지도는 언제 어디에서 문명이 최초로 시작되었는지를 보여 줘요.

차빈족
기원전 1200-기원전 300년

기원전 3500-기원전 2000년 : 수메르 문명

수메르 문명

수메르 지역에 흐르는 티그리스강과 유프라테스강은 강가가 온통 진흙투성이였어요. 수메르인은 진흙을 창의적으로 활용했어요.

수메르인은 작물을 키우려고 진흙투성이 땅에 수로를 파서 물을 빼냈어요.

기원전 3500년 무렵에는 진흙으로 벽돌을 만들어 세계 최초로 도시를 건설했어요. 각 도시는 높은 방벽으로 둘러쌌고, 도시 한가운데에는 지구라트를 높이 세웠어요. 지구라트는 꼭대기에 신전이 있는 거대한 계단식 건물이에요.

지구라트

왕과 여왕은 정교한 황금 왕관을 썼어요.

수메르인은 세금으로 거둔 물품을 신전에 제물로 바쳤어요.

수메르인은 발명가

수메르인은 진흙을 창의적으로 활용했고, 더 나아가 여러 가지를 발명했어요.

* 수레바퀴

* 도자기의 돌림판

* 1시간=60분 체계

* 12개월로 된 달력

* 원을 이루는 360도

* 고유한 문자 체계

기원전 2350-기원전 1595년 : 아카드 제국과 바빌로니아 제국

메소포타미아를 지배하다

　메소포타미아는 '두 강 사이의 땅'이라는 뜻이에요. 메소포타미아 남부 지역이 바로 수메르인데, 수메르의 도시는 저마다 통치자가 있는 독립 국가였어요. 이따금 한 도시가 다른 도시를 점령하기는 했지만, 전 지역을 정복한 도시는 없었어요. 사르곤이 쳐들어오기 전까지는 말이에요.
　사르곤은 수메르의 북쪽 지방인 '아카드'의 왕으로, 막강한 군대를 이끌었어요. 사르곤은 여러 도시를 차례로 정복하여 기원전 2350년에는 메소포타미아 지역 대부분을 통치하며 '아카드 제국'을 이루었어요.

함무라비 왕

　기원전 2000년 무렵, 사막 부족인 '아모리족'은 메소포타미아를 침략하여 몇몇 작은 도시 국가를 세웠어요. 그중 하나가 바빌론이었는데, 마침내 바빌론의 함무라비 왕이 다른 아모리족 왕들을 꺾고 메소포타미아 지역을 점령하여 '바빌로니아 제국'을 이루었어요. 함무라비 왕은 질서 유지를 위해 엄격한 법과 형벌을 시행했어요. 모든 사람이 법적 책임을 깨닫도록 법조문을 돌기둥에 새겨 공공장소에 전시했어요.

함무라비 법의 예시들

| 수술 중 환자를 죽이면 의사의 손을 자른다. | 집이 무너져 사람이 죽으면 건축가는 사형에 처한다. | 납치, 절도, 법정 위증, 신을 모독하는 행위는 사형으로 벌한다. |

기원전 3100-기원전 30년 : 고대 이집트 문명

나일강 가의 삶

나일강은 여름마다 홍수가 나요. 물이 넘쳐 든 강가는 진창이 되어 농사짓기에 알맞은 비옥한 땅이 돼요. 그 덕분에 이집트에서 아프리카 최초로 문명이 꽃피었어요. 고대 이집트 왕조는 3,000년간 이어졌고, 여러 기념비적인 건축물이 오늘날까지 남아 있어요.

부유하고 강력한 왕인 '파라오'가 고대 이집트를 통치했어요.

이집트인은 여러 신을 섬겼어요. 파라오도 신의 후손이라고 믿었어요.

이집트인은 각각의 신을 섬기는 큰 신전을 지었어요. 신전에는 제사장만 들어갔는데, 축제 기간에는 신상을 운반하며 성대하게 거리 행진을 펼쳤어요.

신상과 제단

이집트인은 사후 환생을 믿었어요. 신분이 높은 인물의 시신은 형형색색으로 꾸민 관에 보관했고, 다음 생에서 필요할 물건도 가득 넣어 두었어요.

기원전 3100-기원전 30년 : 고대 이집트 문명

어떤 파라오의 무덤은 태양을 향해 우뚝 솟은 피라미드 속 묘실에 마련했어요. 피라미드를 설계하는 데는 엄청난 토목 기술이 필요했고, 완성하는 데 길게는 20년까지 걸렸어요.

피라미드

긴 세월 동안 파라오의 무덤들은 대부분 도굴을 당했지만, 투탕카멘의 묘는 1920년대에 훼손되지 않은 채 발견됐어요.

기원전 1500년 이후로 파라오의 무덤에는 피라미드가 없어요. 그 뒤로는 사막의 암석 지대에 굴을 파고 묘를 지었으니까요. 그곳을 '왕가의 계곡'이라고 부르지요.

미라에 씌운 눈부신 황금 마스크도 여러 보물 가운데 하나예요.

전투적인 파라오들은 군사를 이끌고 바다와 육지에서 전쟁을 벌여 주변 지역을 정복했어요.

하지만 이집트 왕국도 공격을 받았어요. 기원전 700년대 무렵부터 이집트는 여러 차례 침공을 당했어요. 기원전 30년, 로마인들(43-45쪽 참조)이 침략해 3,000년간 독립을 유지해 온 이집트 왕국은 끝내 멸망했어요.

마지막 파라오인 클레오파트라 여왕은 로마에 굴복하는 대신 스스로 목숨을 끊었어요. 독사에게 일부러 물렸다고 전해져요.

기원전 3200-기원전 1500년 : 인더스 문명 및 북유럽

인더스 계곡의 도시들

인더스 계곡에 살던 사람들은 삶에서 청결을 으뜸으로 여겼어요. 도시에 길을 넓고 곧게 만들고, 공용 우물을 설치했어요. 집집마다 설치된 욕실과 화장실은 도로 밑에 깔린 하수도와 연결되었어요.

수공업자들은 시장과 작업장에서 면포를 짜고 금속을 가공하고 항아리와 구슬을 만들었고, 이 물건들은 상인들이 배를 타고 수메르까지 가져가 팔았어요.

가장 큰 도시였던 모헨조다로에서는 인공 언덕에 요새를 세웠어요. 요새에는 곡물 창고와 회의장, 종교 의식 때 사제왕들이 사용하는 대욕장이 있었어요.

사제들은 성스러운 욕장에서 몸을 씻었어요.

기원전 1800년 무렵, 사람들은 인더스의 도시들을 떠나갔어요. 정확한 이유는 모르지만, 농사를 너무 많이 짓고 나무를 지나치게 베어서 계곡이 황폐해지고 홍수가 자주 났으리라 추측해요.

우뚝 선 돌

북유럽에는 문자 체계나 도시는 없었지만 독특한 문화가 존재했어요. 농부들은 종교 행사를 위해 거대한 바위 구조물을 만들기 시작했지요. 프랑스의 카르나크 열석, 영국의 스톤헨지, 스코틀랜드의 오크니섬에 있는 '브로드가의 고리' 같은 환상 열석이 오늘날까지도 우뚝 서 있어요.

어떤 거석의 무게는 어른 370명의 몸무게와 맞먹어요!

이들은 시신을 돌무덤에 묻고 흙더미를 덮어 매장했어요. 처음에는 기다란 묘에 여러 구를 함께 묻었는데, 훗날 무덤은 차차 둥근 모양으로 바뀌었고 아주 중요한 사람의 시신 한 구만 묻었지요. 이런 구조물들을 짓는 데는 엄청난 준비와 시간과 노력이 필요하기 때문에 이들만의 고유한 문명이 존재했음을 짐작할 수 있어요.

문자의 발명

초창기 문명마다 대개 고유한 문자 체계를 지녔어요. 하지만 몇 세기가 흐르면서 잊히고 말았어요. 역사가와 암호 전문가는 돌과 도자기판, 두루마리, 건물과 여러 사물에 남겨진 글을 몇 년에 걸쳐 해독했어요. 이러한 인류 최초의 기록에는 중대한 사건과 법조문부터 구매 목록과 소유 관계까지, 당시 삶에 관한 내용이 담겨 있었지요.

기원전 3300년 무렵, **수메르인**은 문자를 발명했어요. 관리들은 부드러운 점토판에 단순한 그림을 그린 다음 점토판을 햇볕에 잘 말렸어요. 이런 그림 문자로 누가 세금을 냈는지 기록했어요.

그림 문자

기원전 3100년 무렵, 그림은 쐐기 문자라는 상징들로 바뀌었어요. 점토에 쐐기 모양의 도구 끝을 눌러서 새긴 글자들이었지요.

쐐기 문자

같은 시기에 **고대 이집트**에서도 문자가 발명됐어요. 서기관은 상형 문자로 알려진 그림 문자를 써서, 사업상의 계약은 물론 사람들의 생애와 시까지 모든 걸 기록으로 남겼어요.

상형 문자는 사물의 모양을 표현했는데, 나중에는 소리도 표현했어요.

이집트의 서기관

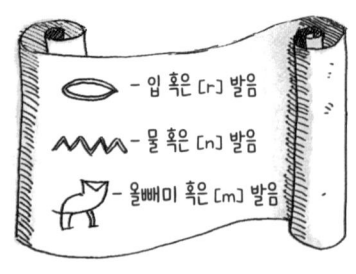

파피루스 갈대로 만든 두루마리

기원전 2000-기원전 1500년 : 인더스 · 페니키아 · 중국 문명의 문자

인더스 계곡에서는 기원전 2000년 무렵의 점토 직인에서 문자가 발견됐어요. 하지만 아직 해독하지 못했어요.

고대 중국은 기원전 1500년 무렵부터 문자를 사용했어요. 이 문자는 몇 세기가 흐르면서 변모했지만 오늘날에도 사용되고 있어요.

'나무'를 뜻하는 한자

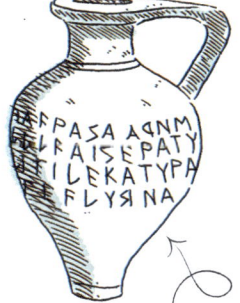

오늘날 널리 쓰는 **알파벳**은 페니키아인(25쪽 참조)이 기원전 2000년 무렵에 처음 발명했어요.

초기 알파벳이 새겨진 물병

로제타석

뜻을 알아내다

4세기 이후로 이집트인은 상형 문자를 사용하지 않았고, 수세기 동안 누구도 상형 문자를 해독하지 못했어요. 그러다가 1799년에 로제타석이 발견됐어요. 로제타석에는 세 가지 문자가 새겨져 있었어요. 상형 문자와 또 다른 형태의 이집트 문자 그리고 고대 그리스어였지요. 전문가들은 똑같은 내용이 다양한 문자로 되풀이됐다는 사실을 깨달은 뒤 금세 뜻을 알아냈어요.

크레타 문명

기원전 2500년 무렵, 지중해의 크레타섬에서 유럽 최초의 문명이 싹텄어요. 크레타섬 사람들은 전설적인 미노스 왕의 이름을 따서 '미노스인'이라 불렸지요.

수공업자들은 황금과 청동으로 아름다운 물건들을 만들었어요. 뱃사람들은 지중해를 누비며 해상 교역을 했고, 서기관들은 '선 문자 A'라는 고유한 문자 체계를 사용했어요. 종교에서는 여성이 중요한 역할을 했어요. 이를테면 여성 제사장이 여신을 숭배하는 의식을 이끌었지요.

뱀의 여신

미노스인은 아름다운 궁전을 많이 지었는데, 그중에서도 크노소스에 지은 궁전이 가장 멋졌어요. 크노소스 궁전에는 화려한 벽화로 꾸민 방이 무려 천 개가 넘고, 모든 방은 미로 같은 복도를 지나 중앙 광장으로 이어졌어요. 사람들은 중앙 광장에 모여, 돌진하는 황소 위로 곡예사들이 공중제비를 도는 신비로운 의식을 지켜봤어요.

곡예사 중에는 남자도 있고 여자도 있었어요.

기원전 1600-기원전 1200년 : 미케네 문명

전사(군사) 왕조

그리스 본토에는 몇몇 작은 왕국이 발달했어요. 성벽으로 둘러싼 도시들을 부유한 전사 왕이 통치했지요. 이 도시 사람들은 가장 막강했던 미케네 왕국의 이름을 따서 '미케네인'으로 불러요.

미케네인은 미노스인과 교역을 했고, 이들과 비슷한 문자 체계를 지녔어요. 역사가들은 미케네의 문자를 '선 문자 B'라고 이름 붙였어요.

기원전 1450년 무렵, 미케네 전사들은 크노소스를 점령해 미노스의 해상 교역을 탈취했고, 훗날 트로이 도시를 정복했지요. 이러한 실제 사건이 유명한 그리스 신화가 되었어요.

가나안의 무역선

가나안

가나안 땅은 지중해 동부에 펼쳐져 있어요. 이집트와 메소포타미아를 잇는 교통의 요지로, 통치자들이 그곳을 두고 다투면서 주인이 여러 번 바뀌었어요.

가나안 사람들은 배 만들기와 항해의 전문가였어요. 해안 도시들은 번화한 무역항이 되었어요. 해안 지역 수공업자들이 금 세공품과 상아 조각을 만들면, 그 상품을 상인들이 먼 지역까지 내다 팔았어요.

또 오늘날 레바논 지역의 숲에서 벤 삼나무도 수출했어요. 삼나무는 값비싼 건축 자재였어요.

히브리 민족

유목민 부족들은 가나안 동쪽에 있는 사막 가장자리에 살았어요. 그들은 양과 염소를 방목하며 이리저리 옮겨 다니며 살았어요. 이집트까지 멀리 간 무리는 그곳에서 '하비루족' 또는 '히브리인'이라 불렸어요. 가나안에 정착한 시기는 기원전 1250년 무렵이에요.

여러 신을 섬긴 고대 민족과는 달리, 히브리인은 유일신을 믿었어요. 히브리인은 그들의 하느님이 그들에게 삶의 터전을 약속했다고 믿고 가나안이 바로 그 '약속의 땅'이라고 생각했어요.

기원전 1600년 이후 : 가나안 · 필리스티아 · 히브리 민족

해양 민족의 전함

해양 민족

기원전 1995년 무렵, 해양 민족으로 알려진 부족들이 에게해 건너편에서 넘어왔어요. 그들은 중동의 여러 왕국을 정복했지만 결국 이집트와 벌인 대규모 해전에서 패했어요. 그 뒤로 한 부족이 가나안 남쪽 지방에 정착했어요. 이 부족의 후손들은 '필리스티아인', 그들이 사는 땅은 '팔레스타인'이라고 불렸어요.

골리앗에 맞서는 다윗

필리스티아 민족과 히브리 민족은 최고의 땅을 놓고 끊임없이 싸웠어요. 히브리의 여러 부족은 필리스티아에 맞서 싸울 왕으로 사울을 임명했어요. 어떤 설화에 따르면 큰 전투에서 '다윗'이라는 용맹한 히브리 청년이 필리스티아에서 가장 강한 장수 골리앗을 돌팔매로 무찔렀다고 해요. 다윗은 사울의 뒤를 이어, '이스라엘'이라는 히브리 왕국의 왕이 되었어요.

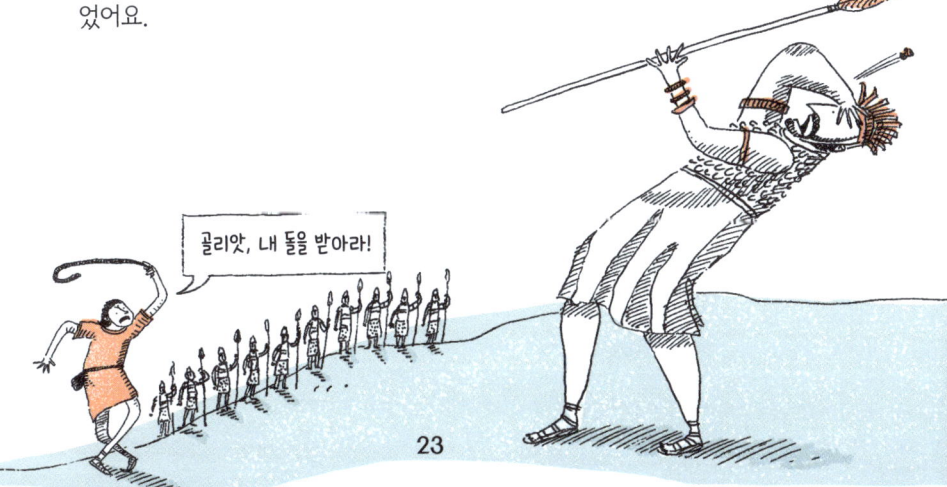

기원전 965-기원전 720년 : 이스라엘

솔로몬 왕

다윗의 아들인 솔로몬 왕이 통치할 무렵, 이스라엘은 타 지역 사람들과 무역을 해서 부유해졌어요. 수도인 예루살렘에 살던 사람들은 그 돈으로 신에게 바치는 큰 사원을 지었어요.

히브리인은 '십계명'이라는 신성한 법칙에 따라 생활했어요. 십계명을 새긴 석판은 '언약의 궤'라는 상자에 넣어, 사원에서 가장 깊숙한 곳에 있고 금테를 두른 방에 보관했어요.

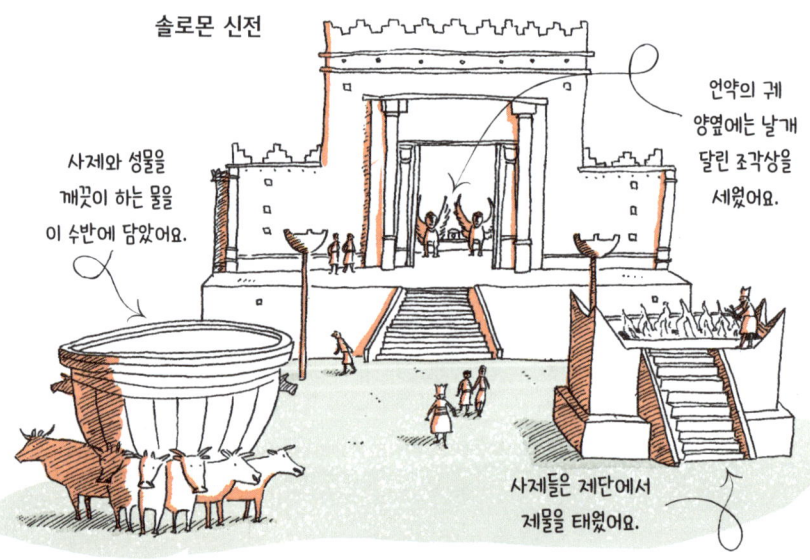

솔로몬 신전

사제와 성물을 깨끗이 하는 물을 이 수반에 담았어요.

언약의 궤 양옆에는 날개 달린 조각상을 세웠어요.

사제들은 제단에서 제물을 태웠어요.

분열된 왕국

솔로몬 왕이 죽은 뒤 영토는 둘로 나뉘었어요. 북부의 이스라엘 왕국과 남부의 유다 왕국으로요(25쪽 지도 참조). 세월이 흘러 히브리인은 유대인으로 불렸어요.

기원전 1200-기원전 700년 : 페니키아인

보라색 페니키아인

 가나안인의 후손들은 뿔소라에서 얻은 값비싼 보라색 염료로 부를 쌓았어요. 그래서 가나안인이 사는 땅에는 그리스어로 '보라색 나라'를 뜻하는 '페니키아'라는 이름이 붙었지요. 페니키아인들은 당대에 가장 뛰어난 무역상으로, 요새화된 큰 항구를 갖춘 해안 도시에서 배를 띄워 지중해 전역을 누볐어요. 오늘날 튀니지 해안의 카르타고를 비롯한 새로운 항구 도시를 세우기도 했지요.

 한편, 기원전 720년 무렵부터 동쪽에서는 새로운 왕국들이 세력을 키워, 이스라엘과 유다와 페니키아 왕국을 침략했어요. 자세한 내용은 다음 장에서 확인하세요.

뿔소라

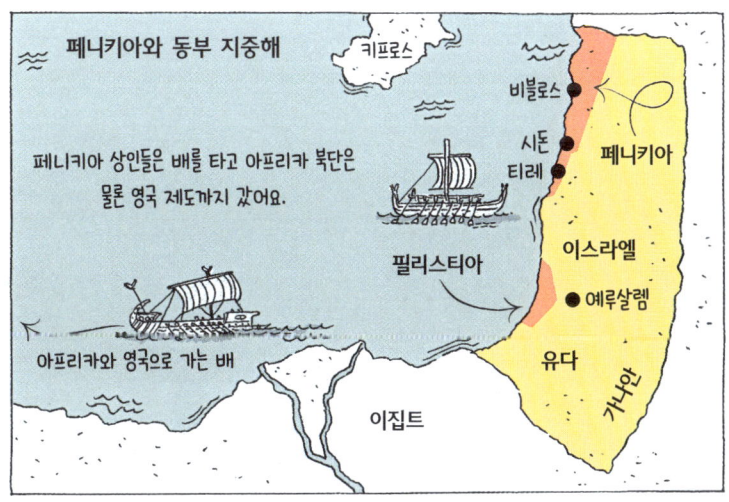

페니키아와 동부 지중해

기원전 1600년경-기원전 323년 : 초기 중동 지역의 제국

부유한 제국

아시리아, 바빌로니아, 페르시아 같은 고대 제국에서 전투와 살상만을 겪고 살아간 건 아니에요. 제국을 이루면 전리품과 노예를 얻고, 정복민한테서 세금도 거둬들여 막대한 부가 뒤따랐거든요.

고대 제국은 새롭게 흘러드는 재산으로 아름다운 궁전과 신전과 묘가 있는 멋진 도시를 세웠어요. 또한, 국가의 회계 장부, 역사적 사건, 종교에 관한 생각, 의학, 수학, 점성술, 천문학 기록으로 가득한 거대한 도서관도 갖췄어요.

바빌론으로 들어가는 성문은 바빌론에서 중요한 여신의 이름을 따서 '이슈타르 문'이라 부르고 반짝이는 타일로 장식했어요.

바빌론은 부유한 무역 도시로서, 이국적인 정원, 널찍한 거리, 수로, 아름다운 저택들로 가득했어요.

페르시아

 기원전 522년부터 페르시아를 다스린 다리우스 1세는 제국이 번성하려면 중앙 집권이 가장 중요하다고 생각했어요. 그래서 제국을 20개 구역으로 나누고, '사트랍'이라는 관리를 임명해 각 구역을 다스리도록 했어요. 또 병사와 전령들이 제국 곳곳으로 신속히 움직이도록 수천 킬로미터에 달하는 도로를 닦았어요.

 페르시아에 정복당한 민족도 페르시아의 법을 따르고 세금을 내면 원래의 종교와 풍습을 그대로 유지할 수 있었어요. 정복민 대부분이 이를 기꺼이 받아들인 덕분에 다리우스 왕은 엄청난 부자가 되었어요. 하지만 기원전 513년에 그리스를 침공한 뒤, 값비싼 전쟁을 연이어 치르다가 패배하고 말았어요.

고전기 그리스

 기원전 6세기 무렵, 그리스는 스파르타, 코린토스, 아테네처럼 서로 쟁쟁한 도시 국가들로 이뤄져 있었어요. 그리스의 도시 국가들은 페르시아를 무찌르기 위해 힘을 합쳤고, 결국 승리를 거뒀어요.

 도시 간에 분쟁이 잦았지만, 고전기는 그리스의 황금기였어요. 그리스인은 지중해 연안에 여러 무역 도시를 세우고 사상과 생활 양식을 전파했어요. 그리스인은 위대한 사상가였어요. 그들의 사상과 업적은 문학·예술·건축·과학 분야에서 오늘날까지 영향을 끼치고 있어요.

> 역사가들은 대체로 그리스 역사에서 기원전 510~기원전 323년을 '고전기'라고 불러요.

기원전 500–기원전 140년 : 고대 그리스

고대 그리스의 도시 생활

그리스의 도시 국가들은 저마다 고유한 정치 체제를 지녔어요. 스파르타는 호전적인 왕들이 통치했고, 아테네는 처음으로 민주주의 체제를 이뤘어요. 남성 시민은 우두머리를 뽑거나 법률을 만들 때 투표를 했어요 (여성과 노예에게는 아무런 권한이 없었어요).

그리스인은 기다란 돌기둥이 삼각형 모양의 지붕을 떠받치는 우아한 신전과 건물을 지었어요. 공공장소는 사실적인 조각상들로 꾸몄어요. 남자들은 '아고라'라는 광장에 모여 정치와 사상을 논했어요.

철학자라고도 부르는 사상가들은 '인간이 어떻게 행동해야 하는가'를 놓고 토론했어요. 수학자들은 계산을 했고, 과학자들은 세계가 어떻게 움직이는지 알아내기 위해 실험을 했어요.

여성들은 대부분 집 안에서 일했고, 혼자서는 외출하지 않았어요.

남자들은 전쟁에 나가서 싸울 수 있도록 운동으로 신체를 단련했어요. 신을 기리기 위한 체육 대회가 정기적으로 열렸어요. 올림픽 대회도 그리스에서 최초로 열렸지요.

기원전 359-기원전 323년 : 마케도니아

강력한 마케도니아

그리스 동쪽에 있는 마케도니아의 왕 필리포스 2세는 그리스인이 서로 다투는 틈을 타 그리스를 침략할 기회를 노렸어요.

기원전 338년, 필리포스 왕은 그리스 전역을 점령했고 이어서 페르시아를 정복할 계획이었지만 일찍 죽고 말았어요. 대신 아들 알렉산드로스가 아버지의 계획을 실행에 옮겼어요.

알렉산드로스는 굳센 군인이자 지혜로운 우두머리였어요. 게다가 아버지보다도 더한 야심가였지요. 알렉산드로스는 32,000킬로미터나 떨어진 곳까지 원정대를 이끌었고, 시리아·이집트·인더스 계곡·페르시아를 정복해 가장 넓은 고대 제국을 세웠어요. 가는 곳마다 그리스 양식의 도시를 세워 '알렉산드리아'라는 이름을 붙였고, 그리스의 언어와 문화를 퍼뜨렸어요.

나는 무명으로 장수하느니 영광스럽게 단명하겠어.

알렉산드로스는 심지어 인도의 도시를 정복하고는, 자신이 타던 검은 말의 이름을 따서 '부케팔로스'라고 불렀어요.

알렉산드로스는 인도에서 고향으로 돌아오는 길에 열병에 걸려 기원전 323년, 바빌론에서 서른셋에 세상을 떠나고 말았어요. 하지만 '알렉산드로스 대왕'이라는 이름으로 역사에 길이 전해지고 있어요.

알렉산드리아

알렉산드로스가 죽은 뒤, 세 장군이 제국의 통치권을 놓고 싸움을 벌이다가 결국 제국을 셋으로 나눠 가졌어요. 그중 한 사람인 프톨레마이오스는 이집트의 왕이 되었고, 그의 가문은 300년간 파라오로서 이집트를 다스렸어요.

이로써 알렉산드리아는 이집트의 수도가 되었어요. 그곳에는 하늘을 찌를 듯 높은 파로스 등대와 '무사이움'이라는 거대한 도서관을 갖춘 학교가 있었어요. 곳곳에서 학자들이 알렉산드리아로 몰려들어 사상을 논하고 과학 실험을 했어요. 알렉산드리아의 상인들은 흑해와 인도까지 뻗어 나가 향신료, 진주, 보석을 들여왔고, 중국에서 비단을 들여왔어요.

떠오르는 중국

중국은 서방에 비단을 수출하기 2,000년 전부터 이미 비단을 짜 왔어요. 중국에서는 조상을 섬겼고, 정교한 문자 체계와 중국 특유의 예술·건축·문학·의술·과학이 발달한 나라였어요.

중국은 가장 위대한 고대 문명 가운데 하나로 떠오르는 중이었어요.

중국 문명

처음에 중국은 여러 나라로 나뉘어 성장했어요. 각 나라는 강력한 가문이나 왕조가 통치했어요. 기원전 221년에 모든 나라가 황제 한 명의 통치 하에 들어간 뒤, 단일 국가를 이어 갔어요.

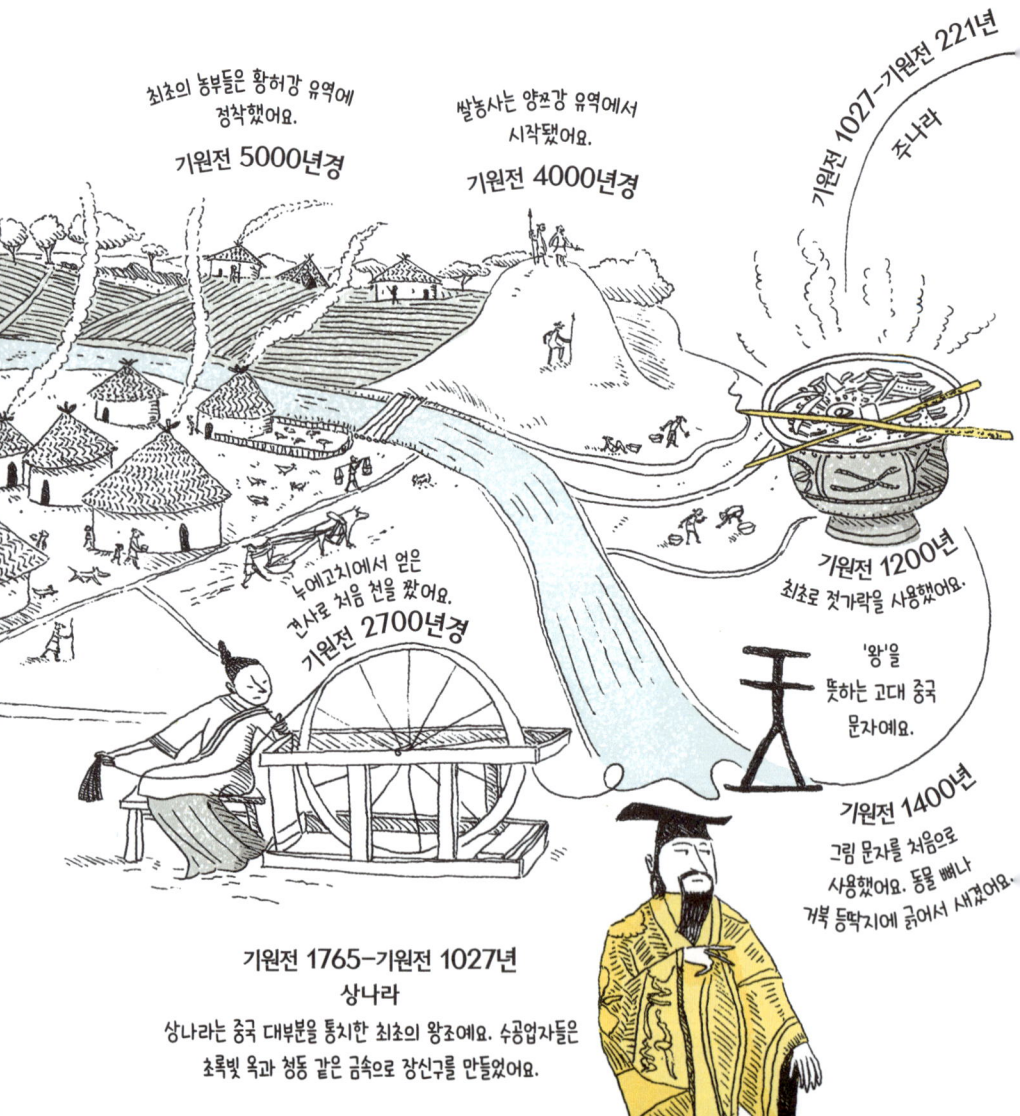

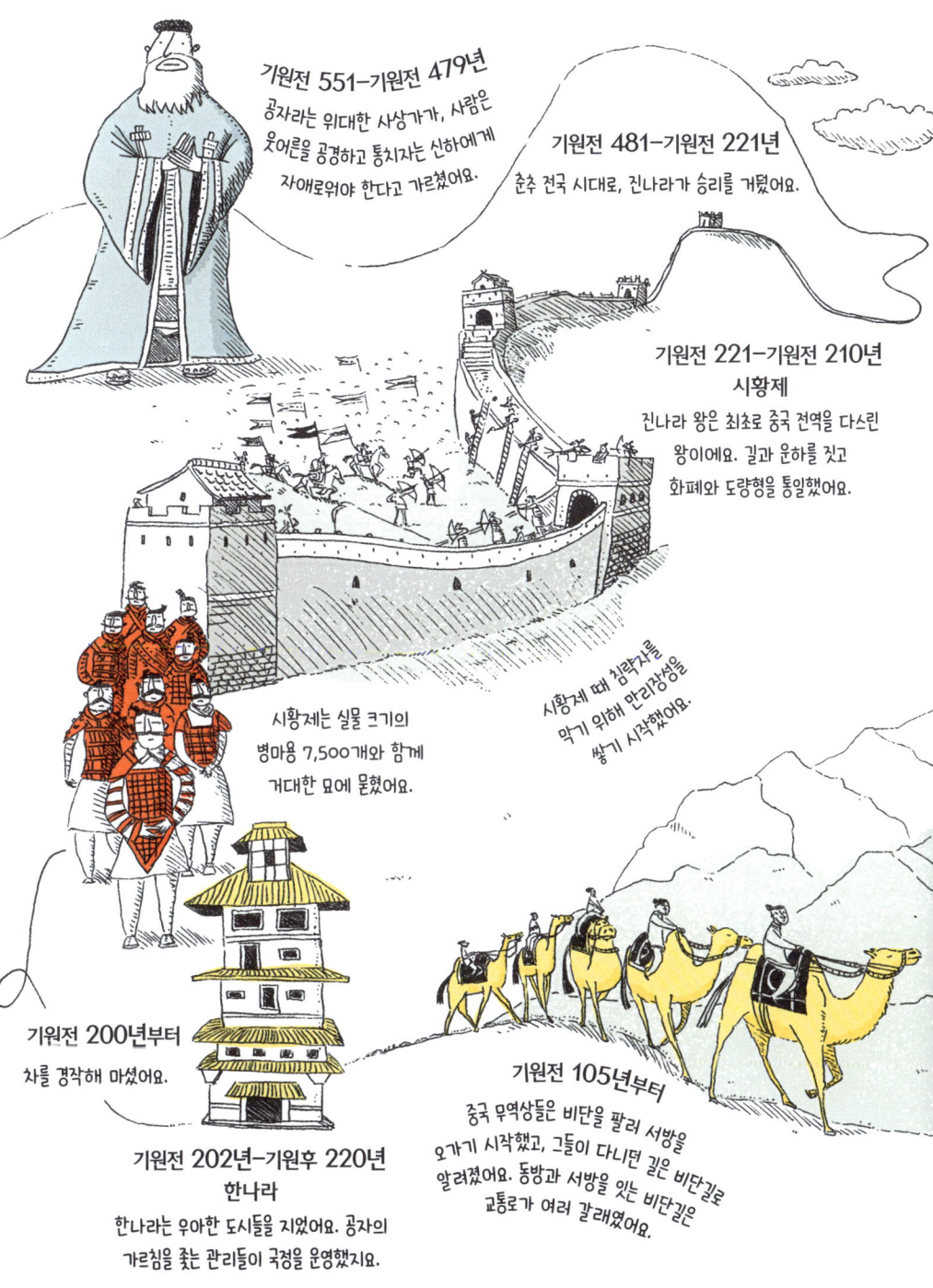

고대 아메리카인

북아메리카에 사람이 처음 발을 들인 때는 빙하기로 추정돼요. 바다가 얼어붙어 아시아에서 알래스카까지 걸어서 건너갈 수 있던 시기였기 때문이에요. 사람들은 남쪽으로 퍼져 갔어요. 얼어붙은 북쪽 땅에서부터 풀이 무성한 초원과 뜨거운 사막, 아찔하게 높은 안데스산맥에 이르기까지, 곳곳에 정착했지요. 이렇게 고대 아메리카인은 정착한 곳의 환경에 따라 다채로운 생활 양식을 취했어요.

대부분은 수렵·채집인으로 살았고, 중앙·남아메리카 지역의 몇몇 부족은 처음으로 농사지은 것으로 보여요. 그들은 감자·토마토·옥수수·피망·호박을 재배했고, 라마를 키워 털과 고기와 젖을 얻었어요.

고대 문명

기원전 1200년 무렵, 처음으로 문명이 나타났어요. 안데스산맥 서부에서 차빈족은 황금 장신구를 만들고, 동물을 닮은 신상으로 가득한 신전을 세웠어요.

올메크인은 멕시코만 근처에 정착했는데, 높이 3미터에 이르는 거대한 두상을 남겼어요. 현무암 거석을 깎아서 만든 두상은 통치자의 모습을 본뜬 것으로 생각돼요. 올메크인은 정치·종교 의식의 일환으로 경기를 펼쳤어요. 골반을 써서 묵직한 고무공을 주고받는 경기였지요. 올메크 문명은 기원전 400년 무렵에 막을 내렸지만 그 전통의 일부가 후대로 전해졌어요.

열대 우림 문명

중앙아메리카의 깊숙한 열대 우림에서 마야인은 풍요로운 문화를 발달시켰어요. 마야 고유의 문자 체계는 물론, 별과 행성을 관찰한 결과를 바탕으로 정확한 달력을 만들었어요.

기원전 300년 무렵, 마야인은 도시를 짓기 시작했어요. 계단식 지구라트 형태로 지은 건물과 궁전과 신전이 밀림 위로 우뚝 솟았는데, 이 건물들은 거대한 광장과 구기장 주위에 배치되었어요. 구기장에서는 올메크 문명과 비슷하게 공을 이용한 운동 경기가 펼쳐졌고 사제가 감독했어요.

구기장에서 나온 조각상이에요. 한가운데의 선수는 정교한 머리 장식을 쓰고 허리춤에 보호용 띠를 차고 있어요. 테두리에는 마야의 그림 문자와 숫자가 새겨져 있어요.

마야의 공공 건축물에는 무장한 왕, 비, 흙, 식물, 동물 신의 형상이 부조로 새겨져 있어요. 길일로 여겨지는 날에는 왕이 자주 전장에 나섰고, 신에게 제물로 바치기 위해 경쟁 도시들을 기습해 포로를 잡아 왔어요.

고대 종교

종교는 자주 역사의 흐름을 결정지었어요. 고대 사회에서는 그 지역만의 고유한 신을 믿었어요. 사람들은 세상에 자신이 위치한 자리를 이해하고자 애썼기 때문이에요. 하지만 몇몇 종교는 지역을 벗어나 널리 퍼졌어요. 오늘날 대표적인 네 종교는 이렇게 고대부터 꼴을 갖추었어요.

힌두교

기원전 1500년부터 인도의 사제들은 수많은 신에게 바치는 시를 암송했어요. 좋은 삶을 사는 방법을 제시한 이 시들은 '베다'라는 경전에 기록되어 있지요. 베다는 힌두교의 근간을 이뤄요.

힌두교의 주요 신 가운데 하나인 '비슈누'가 연꽃 위에 앉아 있어요.

불교

기원전 4세기 또는 5세기 무렵, 인도의 왕자 '싯다르타'는 일반 사람들이 겪는 고통을 깨닫고 몹시 괴로워했어요. 결국 싯다르타 왕자는 부유한 삶을 버리고 출가해, 명상과 설법을 하며 평생을 살았어요. 그는 '깨달은 자'를 뜻하는 '붓다'로 알려졌고, 붓다의 사상은 중앙 및 동아시아로 퍼져 나아갔어요.

싯다르타는 나무 아래서 명상하다가 '깨달음'을 얻었어요.

기원전 1500년-기원후 33년 : 고대 세계의 종교

유대교

히브리 민족, 즉 유대인들은 유일신을 믿었어요.
신을 섬기면 신이 보호해 준다고 믿었지요.
흔히 구약 성서로 알려진 히브리 민족의 이야기에는
그들의 역사와 더불어, 신이 어떻게
예언자들에게 나타나 신의 법과 약속을
전달했는지가 기록돼 있어요.

기원전 1세기에 유대인은 로마의 탄압을
피해 중동과 유럽 전역으로 흩어져야 했어요.

기독교

기원후 27년, 나사렛 출신의 '예수'라는 유대인이 설교를 하고 다녔어요.
수많은 사람들이 예수를 따르자 유대인 지도자들과 로마 당국은 예수를
골칫덩이로 여겨 십자가에 못 박아 죽였어요.

예수의 지지들은 예수를 '그리스도'라고 불렀어요. 제자들은 예수의 삶과
가르침을 '복음서'라는 기록으로 남겼고, 그리스도교를 전파했어요.

기원후의 시대

예수 탄생 이후의 시대는 '기원후(AD)' 또는 '서기'라고 불러요. 영어로 쓴 AD는 라틴어
'왕의 해(Anno Domini)'에서 온 표기예요. 기원전 1년의 다음 해가 기원후 1년이에요.
하지만 역사가들은 예수가 그보다 일곱 해쯤 일찍 태어났으리라 추정해요.

기원전 1500-기원전 185년 : 아리아인 · 마우리아 제국

인도 제국

고대 문명이 막을 내린 뒤 인더스 계곡에는 '아리아인'이라는 새로운 부족이 와서 살기 시작했어요. 아리아인은 점차 인도 북부까지 뻗어 가 그곳에 수많은 작은 왕국을 세웠고 '카스트'라는 엄격한 사회 제도를 발달시켰어요.

카스트 제도
1. 카스트의 꼭대기는 사제, 학자, 왕, 무사가 속해요.
2. 그 밑에는 숙련 노동자, 상인, 관리가 속해요.
3. 밑바닥에는 비숙련 노동자들이 속해요.
4. 더러운 일을 맡은 사람들은 위 세 계급에서도 제외된 가장 미천한 존재로 여겼어요.

기원전 324년, 찬드라굽타 마우리아라는 용맹한 인도 무사가 거대한 군대를 일으켰어요. 전투 코끼리를 이끌고 전쟁터에 나가, 알렉산드로스 대왕 재위기에 인더스 계곡을 점령했던 마케도니아인을 추방했어요. 그리고 인도의 여러 왕국을 차례로 정복해 마우리아 제국을 세웠어요.

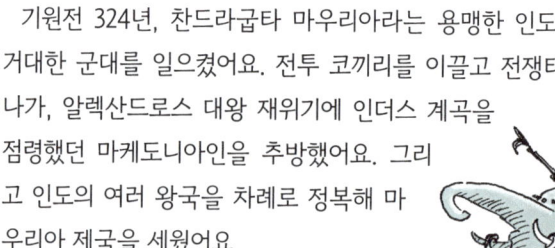

무역국

아프리카에서는 특히 두 왕국이 강성했어요. 이집트 남부의 쿠시 왕국과 홍해 연안의 악숨 왕국이에요. 쿠시 왕들은 한동안 이집트까지 정복해 통치했어요.

악숨 왕국의 홍해 연안과 아라비아의 사바 왕국과 나바테아 왕국에는 항구가 많이 생겨났어요. 상인들은 인도와 아프리카, 로마 제국(49-51쪽 참조)을 오가며 중간중간 항구에 정박했어요. 아프리카의 상아·금·보석, 인도의 향신료와 목화, 아라비아의 향 같은 값비싼 화물을 배로 실어 날랐지요. 항구의 무역상들은 이 상인들과 거래해 부자가 되었어요.

성서에는 시바 여왕이('사바'로 추정돼요) 솔로몬 왕에게 줄 값진 선물을 싣고 예루살렘에 방문한 이야기가 나와요.

제국 밖에서는

문명과 제국이 생겨난 곳도 있지만, 그 밖의 지역에 사는 사람들은 유목 생활을 쭉 이어 갔어요. 북아메리카의 에스키모, 남아메리카와 오스트레일리아의 부시먼, 고트족, 서고트족, 사르마티아족, 중앙 유럽의 훈족, 사하라 사막 이남의 아프리카 부족 대부분 그리고 중앙아시아의 몽골족과 스키타이인 들이 그랬지요.

부유한 제국의 변방에 사는 유목민들은 제국과 거래해 수익을 챙겼고, 종종 제국으로 쳐들어가 노략질을 했어요. 특히 몽골족은 중국 만리장성 일대에서 자주 맹공을 펼쳤어요.

켈트인

켈트인은 서유럽 대부분의 지역에 퍼져 작은 농경 사회를 이루고 살았어요. 비슷한 언어를 쓰고 비슷한 생활 양식으로 살아갔지요. 무리의 전사이자 우두머리는 언덕에 거처를 만들어 부와 권력을 과시했고, 언덕은 거대한 둔덕과 고랑으로 둘러싸여 있어 공격자와 경쟁 부족의 침입으로부터 거처를 보호해 주었어요.

켈트인은 풍요로운 문화를 꽃피웠어요. 음유 시인들은 시를 지어서 암송했어요. 수공업자들은 양모로 무늬를 넣은 옷감을 짰고, 청동과 금으로 정교한 장신구를 만들었어요. 이러한 장신구에는 나선형과 매듭이 소용돌이치는 무늬를 꾸며 넣었어요.

기원전 500년경 프랑스
켈트인 대장장이가 만든 브로치

에트루리아인과 라틴족

오늘날 이탈리아 지역인 남쪽 지방은 에트루리아인과 라틴족을 비롯한 다양한 민족으로 이뤄져 있었어요. 에트루리아인은 켈트인과 그리스인과 교역해 부유해졌고, 북부 이탈리아 지역 대부분을 다스리기에 이르렀어요. 라틴족은 농촌 마을을 이루었는데 결국 병합되어 로마 시가 되었어요.

로마는 한동안 에트루리아 왕이 통치했어요. 그러다 로마 시민들이 봉기해 통치권을 장악했지요. 그때부터 줄곧 로마 세력은 커져 갔어요.

기원전 509-기원전 27년 : 로마 공화정

로마 공화정

로마는 왕을 쫓아낸 뒤 왕이 없는 나라, 즉 '공화정'을 세웠어요. 로마는 고도로 훈련된 군대를 양성하여 이탈리아 전역을 정복했고, 이를 시작으로 영토를 더욱 넓혀 갔어요.

로마 군단의 병사

로마의 통치

로마는 '원로원'과 해마다 투표로 뽑는 두 명의 '집정관'이 통치했어요. 하지만 원로원들은 로마의 영토를 넓혀 갈수록 통치 방식을 놓고 다툼을 벌였어요. 파벌을 이룬 원로원과 장군들이 권력 쟁탈전을 벌이면서 내전이 자주 벌어졌지요.

황제를 일컫는 호칭이 된 '카이사르'

기원전 49년, 율리우스 카이사르 장군은 원로원을 장악한 뒤 5년간 로마를 통치하다가 칼에 찔려 죽었어요. 로마는 또다시 내전 상태에 빠졌고, 기원전 31년에 카이사르의 후계자인 옥타비아누스가 권력을 잡고 평화를 회복했어요. 4년 뒤, 옥타비아누스는 '존엄한 자'라는 뜻인 '아우구스투스' 칭호를 받고 '카이사르 아우구스투스 황제'로 불렸어요. 이후 '카이사르'는 황제를 뜻하는 호칭으로 굳어졌어요.

원로원은 귀족 남자들로 구성되었어요. 나중에는 평민도 부유한 가문이면 원로원으로 뽑힐 수 있었어요.

기원전 27년–기원후 476년 : 로마 제국의 성쇠

제국의 성립

1세기 무렵부터 로마는 여러 황제가 통치했어요. 로마 황제는 영국, 에스파냐, 시리아, 이집트, 북아프리카에 이르는 영토를 다스렸어요.

로마는 로마 제국 전역에 로마의 생활 양식, 단일 화폐, 라틴어를 강요했어요.

로마인은 건축 공학에 능했고, 콘크리트를 발명했어요.

또, 깨끗한 물을 도시로 공급하는 송수로를 만들었어요.

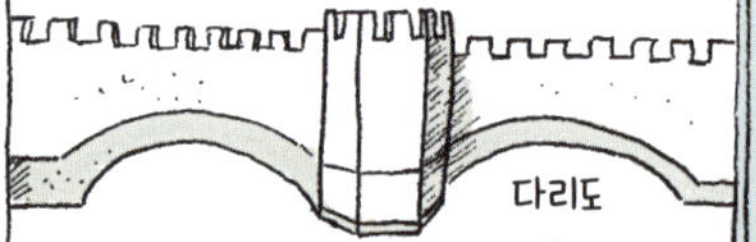

다리도 세웠고요.

로마와 나머지 제국을 잇는 수천 킬로미터의 직선 도로도 놓았어요.

로마 동전에는 황제의 초상을 새겼어요. 그래서 제국에 사는 사람은 누구나 누가 왕위에 올랐는지 알 수 있었지요.

로마는 정복하는 곳마다 새로운 도시를 세우고, 신전과 공중목욕탕, 원형 경기장을 지었어요. 사람들이 모여 전차 경주를 관람하는 경주장인 '키르쿠스'도 그중 하나였어요.

기독교

세금을 내고 법을 따르고 공식적인 로마 신들을 존경하기만 하면 제국에 사는 사람은 누구든 종교의 자유를 누릴 수 있었어요. 단, 로마의 황제도 함께 숭배해야 했는데, 유일신을 믿는 유대인과 기독교인은 이를 거부하여 많은 신자들이 박해를 받았어요.

그런데도 기독교는 로마 제국 전역에 퍼졌어요. 기원후 312년, 콘스탄티누스 황제는 기독교를 합법화했고, 자신도 기독교로 개종했어요.

로마의 몰락

3세기 무렵, 로마인들이 '이방인'이라고 부르던 무리들이 로마 제국을 자주 침략했어요. 황제들은 세금을 올려 가며 군대를 키웠어요. 심지어 이방인 출신 병사도 뽑았지요. 284년에 황제는 관리하기 힘들 만큼 제국이 커졌다는 결론을 내리고, 동로마와 서로마로 나누었어요. 동로마 제국의 수도인 '비잔티움'은 훗날 콘스탄티누스 황제가 '콘스탄티노플'로 이름을 바꿨어요.

410년에 로마 시는 게르만족 전사들인 서고트족에게 함락당했고, 455년에 반달족의 침공도 받았어요. 서로마 제국은 476년에 완전히 무너졌지만, 동로마 제국인 비잔틴 제국은 그 뒤로 1,000년간 이어졌어요.

연대표 : 고대 세계

시기	아프리카	중동	아메리카
기원전 3000년	기원전 3100년 : 메네스 왕이 최초로 고대 이집트를 통일	기원전 3500-기원전 2000년 : 수메르인이 최초로 도시를 짓고 문자를 발명	
기원전 2500년	기원전 2530년 : 이집트는 기자에 거대한 피라미드를 짓기 시작	기원전 2350-기원전 2150년 : 메소포타미아의 아카드 제국	
기원전 2000년		기원전 2000-기원전 1200년 : 히타이트 기원전 1792-기원전 1595년 : 바빌로니아 제국	
기원전 1500년		기원전 1600-기원전 550년 : 신바빌로니아 기원전 1600년 이후 : 가나안 민족 번성 기원전 1250년 : 히브리인이 가나안에 정착. 히브리인의 종교가 유대교로서 알려짐	기원전 1200-기원전 300년 : 올메크와 차빈 문명. 멕시코만 연안에 올메크인이 거대 두상을 남겼고, 아메리카 대륙에서 최초로 금을 가공
기원전 1000년	기원전 814년 : 페니키아가 카르타고에 식민 도시를 세움	기원전 1200-기원전 1000년 : 페니키아 왕국 기원전 1150년 : 필리스티아 왕국 기원전 1000-기원전 600년 : 아시리아 제국	
기원전 500년	기원전 332년 : 알렉산드로스 대왕이 이집트를 정복	기원전 600-기원전 300년 : 페르시아 제국	기원전 300년 이후 : 마야인이 중앙아메리카에 도시를 짓고 건축물을 남김
기원전 1년 기원후 1년	기원전 30년 : 로마가 이집트를 정복	기원전 7년 또는 2년에서 기원후 30년 또는 33년 사이 : 예수의 삶	

연대표 : 고대 세계

아시아	오스트레일리아	유럽
기원전 3500년 : 인더스 계곡에 농부들이 최초로 정착	약 4만-6만 년 전 : 빙하기에 오스트레일리아 원주민이 정착	기원전 3200년 이후 : 북유럽 사람들이 바위를 둥그렇게 세움
기원전 2500-기원전 1800년 : 인더스 문명		기원전 2500-기원전 1500년 : 크레타 문명
기원전 1765-기원전 1027년 : 상나라가 최초로 중국 대부분 지역을 통치		
기원전 1500년경 : 아리아인이 인도에 도착. 아리아인의 사상이 힌두교의 바탕을 이룸	기원전 1500년 : 태평양 제도의 섬들에 사람들이 정착하기 시작	기원전 1600-기원전 1200년 : 미케네 문명
		기원전 800-기원전 509년 : 에트루리아인 번영
		기원전 800년-기원후 50년 : 켈트인이 북유럽 전역에 자리를 잡음
기원전 566년 또는 490년에서 기원전 486년 또는 410년 사이 : 싯다르타가 불교 창시	기원전 551-기원전 479년 : 공자의 삶	기원전 510-기원전 323년 : 고전기 그리스
기원전 321-기원전 185년 : 마우리아 제국이 인도를 통치	기원전 202년-기원후 220년 : 한나라가 중국을 통치	기원전 509-기원전 27년 : 로마 공화정
		기원전 356-기원전 323년 : 알렉산드로스 대왕
		기원전 27년-기원후 476년 : 로마 제국

제2부
중세 세계
450년대 이후

중간 시대

14세기 이후의 유럽 역사가들은 고전기 그리스와 로마 시대를 문명의 발전과 인류의 업적이 정점에 올랐던 황금기로 여겼어요. 이 제국들이 몰락한 이후부터 14세기에 르네상스가 시작되기 전까지의 중간 시대를 '중세'라고 부르며, 문화적으로 세련되지 못한 시기로 깎아내렸지요.

물론, 중세 시대에도 생활 양식과 문화는 변화를 겪었어요. 유럽에는 새로운 왕국들이 집권했고, 아프리카, 아시아, 아메리카에는 거대한 제국들이 생겨났어요. 아라비아에서는 이슬람이 강력한 종교로 새롭게 태어났어요.

충돌하는 세계

중세 때는 세계 각지의 제국과 왕국 사이에 교류가 많지 않았어요. 하지만 비단길처럼 상인, 유목 민족, 순례자 등이 오가는 교통로를 따라, 이들이 이용하는 교역소, 술집, 교차로를 중심으로 도시들이 생겨났어요.

이곳들은 다양한 문화권의 사람들이 모여 문물과 생각을 교환하는 장소가 되었어요. 때로는 질병과 갈등이 번지기도 했지요.

로마 제국이 멸망한 뒤부터 르네상스가 시작되기 전까지, 유럽 중세 시대를 암흑기로 보았어요.

450-610년 : 이방 민족·비잔틴 제국·떠오르는 이슬람교

로마가 멸망한 뒤

5세기 무렵, 로마 제국은 동로마와 서로마로 나뉘었어요.

서로마 제국은 이방 민족이 침략하여 정착하면서, 조각보처럼 작은 왕국으로 갈라졌어요. 이 왕국들은 각자 고유한 종교를 따랐기 때문에 기독교는 거의 모든 지역에서 위축됐어요.

신생 국가들이 벌이는 전쟁 때문에 로마 도시들은 파괴되었어요. 이렇게 전투가 벌어지는 동안 사람들은 보호를 필요로 했기 때문에 군주들은 권력을 얻으며 왕국을 이뤄 갔지요.

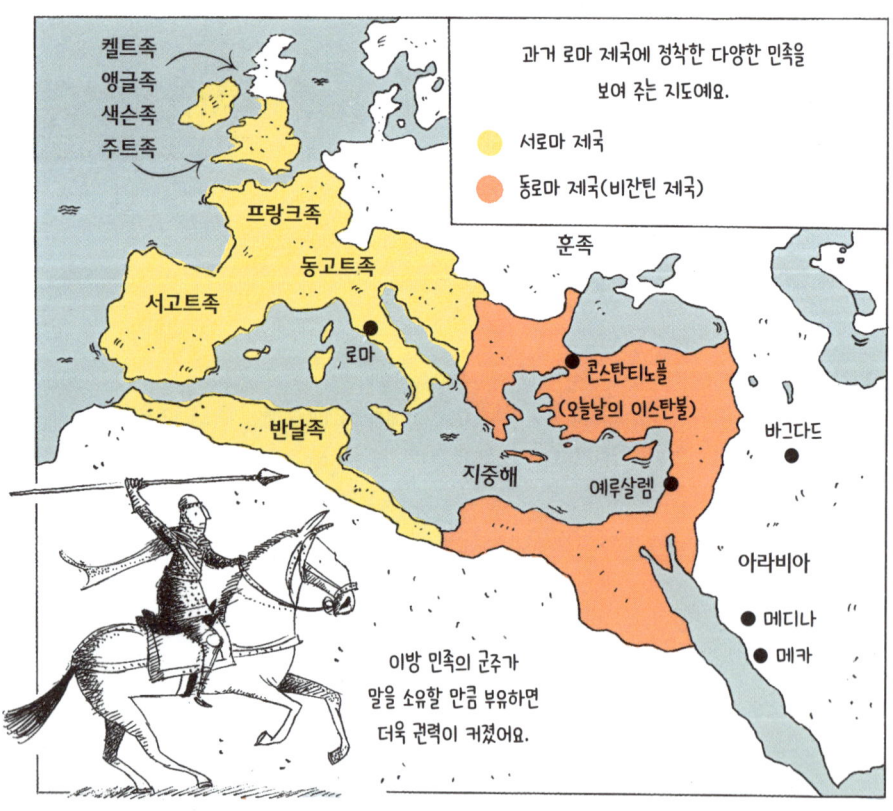

450-610년 : 이방 민족 · 비잔틴 제국 · 떠오르는 이슬람교

부유한 비잔틴 제국

동로마 제국을 가리키는 비잔틴 제국은 로마의 생활 양식을 이어 갔어요. 6세기에는 막강한 황제 유스티니아누스가 통치하며, 옛 서로마 제국의 영토 일부를 되찾았어요. 에스파냐 남부와 북아프리카, 이탈리아 지역이었지요.

유스티니아누스는 아름다운 교회를 많이 지었고, 내부를 반짝이는 모자이크로 장식했어요. 비잔틴 제국의 수도인 콘스탄티노플에는 상인, 예술가, 성직자, 학자로 넘쳐 났고, 많은 이들이 호사스러운 생활을 누렸어요.

유스티니아누스 황제는 황후인 테오도라의 도움을 받아 통치했어요.

새로운 신앙

먼 동쪽에는 다신교를 믿는 유목민인 베두인족이 험난한 사막과 산악 지대에 드문드문 흩어져 살았어요. 하지만 오아시스나 항구 근처에는 번화한 도시들이 생겨났어요. 그중 하나가 '메카'예요. 이곳에서 토착민들이 비잔틴 제국과 인도, 동아프리카에서 온 무역상과 거래했어요. 무역상 중에는 자기네 유일신을 믿는 유대인과 기독교인도 있었지요.

이곳 메카에서 무함마드라는 상인이 유일신의 계시를 받았다고 알리며 610년부터 설교를 시작했어요.

떠오르는 이슬람교

무함마드는 반드시 '알라'라는 유일신에게 복종해야 한다고 설교했어요. 선하게 살아가면 낙원에서 보답받을 거라고도 했지요. 무함마드의 가르침은 '코란'이라는 책으로 기록되었고, 그 종교는 이슬람교로 알려졌어요. 메카의 부유한 상인들은 무함마드의 가르침에 화가 나서 그를 도시에서 추방했어요.

622년에 무함마드는 메디나로 달아났고, 이 연도는 이슬람 달력의 원년이 되었어요.

메카 순례인 '하지'를 떠나는 이슬람교도

이슬람 세계

새로운 종교는 널리 퍼져 나갔어요. 632년, 무함마드가 세상을 떠난 시기에는 아라비아에 살던 사람들 대부분이 이슬람교를 믿었어요. 무함마드가 죽은 뒤, 이슬람교의 우두머리는 정신적·정치적 지도자로서 '칼리프'라 불렸어요. 하지만 누가 칼리프가 될지를 놓고 갈등이 생겼고, 이슬람교는 수니파와 시아파로 갈라졌어요. 칼리프들은 이슬람교를 전파하기 위해 전쟁을 벌였고, 순식간에 중동, 이집트, 북아프리카와 에스파냐의 넓은 지역까지 정복하여 제국을 이루었어요.

황금기

칼리프 치하에서 풍요로운 문화가 발전했어요. 도시마다 이슬람 사원인 모스크, 학교, 궁과 목욕탕을 많이 지었어요. 학자들은 종교, 법학, 과학 등 온갖 학문을 연구했지요. 도서관에는 그리스·로마, 페르시아, 인도, 중국의 책들이 가득했어요. 학자들은 그 책들을 아라비아어로 번역했고, 그보다 훨씬 많은 글을 남겼어요.

지리학자들은 아라비아 탐험가들이 중국, 인도, 아프리카까지 항해하며 개척한 바닷길을 지도로 남겼어요.

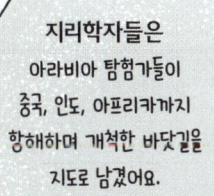

의사들은 식물과 화학 물질로 약을 만드는 법은 물론, 해부학과 외과 수술, 질병을 연구했어요.

천문학자들은 천문대를 짓고, 화살표가 가리키는 아스트롤라베 같은 기구를 사용해 별을 관측했어요. 그러면 뱃사람들이 별을 보며 항해하는 데 도움이 되었지요.

수학자들은 오늘날 우리가 사용하는 수 체계를 개발했어요.

기독교의 분리

이슬람교가 부상하는 동안 비잔틴 제국의 기독교인은 독특한 형태의 교회 건축과 서유럽과는 다른 양식을 발전시켰어요.

비잔틴 교회는 훗날 '그리스 정교회'가 되는데, 총대주교라고 불리는 종교 지도자들이 이끌었어요. 그들은 비잔틴 제국의 공용어인 그리스어로 미사를 봤어요.

한편, 서유럽에서는 훗날 '로마 가톨릭교회'라고 불리는 교회에서 신부들이 라틴어로 미사를 봤고, 주교와 대주교의 관할 아래에 지역 교구를 돌봤어요. 이 모두를 아우르며 통솔한 사람은 로마에 있는 교황이었어요.

말씀을 전파하다

서유럽의 통치자 대부분은 읽거나 쓸 줄을 몰랐고 예수도 믿지 않았어요. 하지만 6세기가 끝날 무렵, 교황은 선교사들을 파견해 사람들에게 기독교를 가르치고 통치자들을 개종하게 했어요. 유럽 전역에 교회와 수도원이 생겨났고 기독교는 로마가 멸망한 뒤로 잃었던 힘을 되찾았어요.

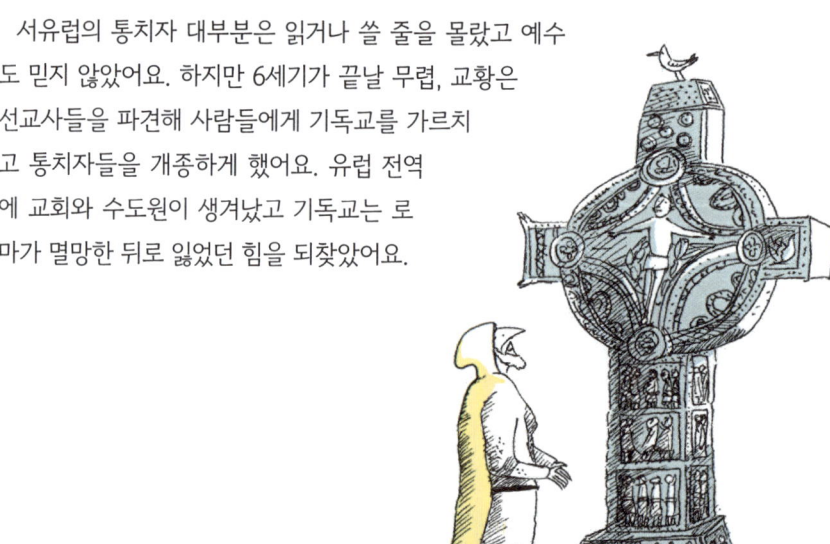

영국 수도사들은 수도원 밖에 석조 십자가를 세웠어요.

수도사와 책

일부 남성과 여성은 자신의 삶을 신에게 바쳤어요. 그들은 종교 공동체인 수도원과 수녀원에 살며, 낮에는 기도를 올리고 밤에는 연구와 일을 했어요. 그들이 맡은 중요한 역할 하나는 성서를 관리하고 필사하는 일이었어요.

당시에는 책을 손으로 일일이 베껴 썼어요. 중국이나 아라비아와 달리, 유럽에서는 아직 종이를 만들 줄 몰랐어요. 그래서 동물의 가죽을 얇게 펴서 그 위에 글을 썼어요. 대개는 아름다운 삽화를 그려 넣었고, 한 권을 만드는 데 2년이 걸리기도 했지요.

위대한 통치자들

역사가들은 9세기의 기독교인 통치자 두 명에게 위대하다는 뜻으로 '대왕' 또는 '대제'라는 칭호를 붙였어요. 바로 프랑크 왕국의 카롤루스 대제(또는 샤를마뉴)와 영국 웨섹스의 앨프레드 대왕이에요. 두 사람은 자신이 다스리는 왕국의 삶을 개선시켰어요. 정치 체제를 더욱 효율적으로 만들고, 교육을 장려하고, 도시를 세우고, 무역을 장려했어요.

또한 두 사람은 전장에서도 훌륭한 지도자였어요. 카롤루스 대제는 이탈리아의 영토와 오늘날의 독일 땅을 점령했어요. 800년에 교황은 카롤루스 대제에게 신성 로마 제국 황제의 왕관을 내렸어요. 앨프레드 대왕은 강력한 군대를 꾸려 바이킹(56쪽 참조)의 침략에서 영국을 지켰어요. 뒤이어 그의 후손들이 영국 전역을 통일했어요.

침략자 바이킹

790년대 이후로, 오늘날 '바이킹'이라고 알려진 민족이 고향인 덴마크, 노르웨이, 스웨덴을 떠나 재물과 영토를 찾아 나섰어요.

초기에 항해를 나선 이들은 무시무시한 전사들이었어요. '롱십'이라는 재빠른 전함을 타고 쳐들어가, 북유럽의 수도원과 해안 마을에서 노략질을 일삼았어요. 재산과 식량을 빼앗고, 여자와 노예를 붙잡아 고향으로 돌아갔어요.

나중에 바이킹 민족은 때로는 평화로운 방식으로, 때로는 무력으로 정복해서 새로운 땅에 정착했어요.

롱십은 견고해서 거센 풍랑에도 끄떡없고, 물에 잠기는 깊이가 얕아서 강으로 거슬러 오르는 항해도 가능했어요.

790-1100년 : 바이킹 · 노르만족

마을 주민, 정착민, 탐험가

바이킹 대부분은 작은 마을에서 농부나 어부, 대장장이나 배 만드는 사람으로 살았어요. 하지만 모두가 농사를 지어 먹고살기에는 땅이 부족해서, 배를 타고 새로운 땅을 찾아 나섰어요. 9세기에서 10세기 동안 바이킹들은 영국, 프랑스, 아이슬란드, 러시아의 일부 지역에 정착했어요. 용감무쌍한 바이킹 상인들은 콘스탄티노플과 바그다드까지 가서 교역을 했고, 탐험가들은 그린란드와 아메리카 대륙의 동부 해안까지 진출했어요.

노르만족 정복자들

900년 무렵, 훗날 '노르만족'으로도 일컫는 바이킹 일부가 프랑스 북부 지역에 정착했어요. 그들은 이어서 시칠리아와 이탈리아의 일부 지역을 정복했어요. 1066년에 노르만족 공작 윌리엄이 영국을 침략했어요. 그는 헤이스팅스 근방에서 벌어진 격렬한 전투에서 영국 군대를 무찌르고 왕위에 올랐지요. 그는 '정복 왕 윌리엄'으로 유명해졌어요.

새로운 질서

북유럽 통치자들은 바이킹을 물리치기 위해서 해안을 따라 부대의 기지 역할을 하는 목조 성채를 올렸어요. 성채들은 규모가 커져서, 기사들이 배치된 석조 성들이 되었어요. 그와 더불어 역사가들이 '봉건 체제'라고 부르는 새로운 생활 양식이 자리 잡았어요.

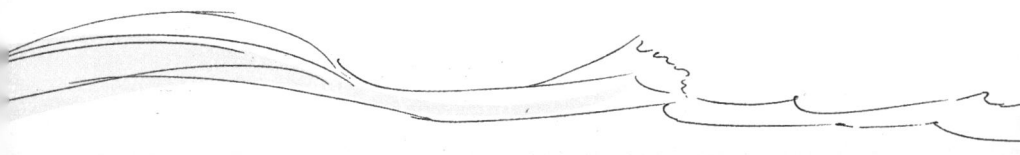

유럽 사회

봉건 체제에서 나라 땅의 주인은 왕이었어요. 왕은 귀족에게 군대를 책임지는 대가로 널찍한 땅을 나눠 줬어요. 그러면 귀족은 더 작은 영지를 기사에게 떼어 줬어요.

나머지 수많은 사람들은 신분이 낮은 소작농이었어요. 자신의 땅을 가진 '자유농'도 일부 있었지만, 대부분은 영주에게 예속된 '농노'였어요. 농노는 영주에게 지대를 내면서도, 자신의 소작지뿐만 아니라 영주의 직영지도 경작해 줘야 했어요.

영주관
귀족인 영주는 영주관 주위의 농경지를 소유했어요.

공유지
여기서는 누구든 가축을 풀어 키울 수 있었어요.

방앗간
마을 사람들은 자신이 거둔 곡식을 방앗간으로 실어 와 가루로 빻았어요.

양어지

마을
마을 주민들은 대개 땅을 일구며 살았지만, 일부는 목수나 대장장이, 양초업자로 일했어요.

1100년 이후 : 유럽의 왕과 기사

잦은 전쟁

중세 시대는 전쟁이 잦고 격변하는 시기였어요. 경쟁국의 왕들이 영토를 쟁취하려고 전쟁을 일으키는 경우가 가장 흔했어요. 한편, 왕이 약하거나 인기가 없을 때는 귀족들이 사유지인 봉토에서 전쟁을 벌였고, 왕을 등지기도 했어요. 게다가 귀족들이 왕권을 놓고 경쟁이라도 벌이는 날에는 내전이 터졌지요.

왕과 귀족은 공격에 대비해 튼튼하고 높은 벽으로 에워싼 석조 성을 지었어요. 왕권은 언제든 전쟁에 나서야 할 때 백성한테서 세금을 거둬들여 전쟁 자금을 마련하고, 충성스러운 기사들로 큰 군대를 꾸릴 수 있는 능력에 달려 있었어요.

기사가 되기 위한 훈련

기사가 되려면 십 년 동안 훈련을 받아야 했어요.
타고 다닐 말이 값비싸서 부유한 귀족의 아들만 기사가 될 수 있었어요.

시동
어릴 때는 귀족의 저택에 파견되어 시동으로 일하면서 훈련을 시작했어요. 허드렛일을 하면서 승마와 격투를 배웠지요.

종자
좀 더 자라면 기사의 종자가 됐어요. 종자는 기사의 말과 무기를 관리하고, 기사를 쫓아 전장에도 나갔어요.

일어나라, 퍼시 경!

기사
실력과 용맹함이 검증된 젊은이는 귀족이나 왕으로부터 기사 서임을 받았어요.

권력 투쟁

교회는 넓은 땅을 소유했고, 주교는 흔히 왕실의 사제가 되었어요. 이는 과연 왕이 교회 땅에서 세금을 걷을 권한이 있는지, 왕이 주교 임명에 얼마만큼 결정권을 가져야 하는지, 교황이 왕의 통치에 얼마만큼 영향력을 행사해야 하는지를 두고 격렬한 논쟁을 낳았어요.

왕은 귀족을 함부로 무시할 수 없었어요. 1215년에 영국의 존 왕은 귀족들의 강요로, 왕의 권한을 제한하고 귀족에게 통치의 결정권을 넘겨주는 합의서인 '마그나 카르타'(대헌장)에 서명했어요. 존 왕의 어린 아들 헨리 3세가 왕위에 올라 실정을 이어 가자, 귀족과 주교로 이뤄진 자문위원회가 설립되어 왕의 결정을 도왔어요. 이것이 바로 영국 의회 정치의 시작이었어요.

종교 전쟁

이슬람교도가 예루살렘을 비롯하여 한때 비잔틴 제국이 장악했던 영토를 탈환하자, 유럽의 통치자와 이슬람 제국 사이에 갈등이 고조되었어요. 1095년에 교황은 예루살렘과 팔레스타인 성지의 소유권을 되찾기 위해 종교 전쟁, 즉 '십자군 전쟁'에 합류할 기독교인 군사를 불러 모았어요.

처음에는 십자군이 승승장구했어요. 십자군은 우트르메르(프랑스어로 '바다 건너'라는 뜻)라는 기독교 왕국을 세웠지만, 이슬람교도가 반격하여 1291년에 그 일대를 되찾아 갔어요.

십자군 전쟁은 수천 명의 생명을 앗아 갔고, 그 뒤로도 오랫동안 성지를 둘러싼 갈등은 계속되었어요.

1100-1400년 : 유럽의 도시

도시와 길드

중세 시대에는 유럽 전역에서 도시가 성장했어요. 도시는 대개 성 근처에 세워졌고, 도시 사람들은 군주를 위해 일하지 않는 대신 돈이나 물품 등 그 대가를 내야 했어요.

수공업자들은 옷이며 냄비와 프라이팬까지 온갖 것을 만드는 작업장을 열었어요. 다른 이들은 제빵사, 양조업자, 대장장이, 의사, 여관 주인 등으로 일했어요. 각 사업과 수공업 분야의 노동자들은 한데 모여서 '길드'라는 단체를 만들었어요. 길드는 상품이 좋은 품질을 유지하고 가격과 임금이 공정하게 정해지도록 하여 부를 쌓고 영향력도 커졌어요. 도시 대부분은 시장이 다스렸는데, 시장은 여러 길드의 핵심 인물 가운데 뽑았어요.

도시가 부유해지자 몇몇 도시는 그 지역의 영주나 왕으로부터 독립을 인정받는 서류인 '특허장'을 얻었어요. 베니스처럼 거대한 독립 도시들은 심지어 직접 통치자를 세우고 자치 법령을 정했어요.

상인과 금융업자

십자군 전쟁이 끝나자, 기사들이 고국으로 돌아왔어요. 이때 이슬람 문학과 과학의 새로운 사상이 따라 흘러들었고, 향신료와 말린 과일, 설탕, 호화로운 직물 등 동방의 문물을 좋아하는 취향도 생겨났어요.

어떤 상인들은 지역에서 생산된 물품과 원자재를 수입품과 맞바꾸는 장사를 시작했어요. 본국은 물론 해외에서도 장사를 했지요. 상인들은 원거리 무역에 필요한 자금을 마련하기 위해 부유한 이탈리아 상인들에게 돈을 빌렸어요. 그들은 14세기부터 유럽 전역에 은행 지점을 둔 금융업자이기도 했어요.

무시무시한 전염병과 저항하는 소작농

1346년, 아시아를 휩쓴 흑사병이 동방에서 이탈리아로 돌아오는 무역선을 타고 전해졌던 모양이에요. 유럽에도 흑사병이 삽시간에 퍼져 인구 절반의 목숨을 앗아 갔어요.

수많은 소작농과 도시 빈민은 전염병과 전쟁, 세금, 높은 물가와 낮은 임금 때문에 비탄에 빠져 반란을 일으켰어요. 많은 이들이 참혹하게 살해됐지만, 일부 지역에서는 결국 임금이 인상됐고 농노들은 자유의 몸이 됐어요. 봉건 체제는 그렇게 서서히 무너지기 시작했어요.

아시아의 통치자들

아시아에서는 새로운 왕국과 제국이 형성됐어요. 여러 상인과 승려는 수천 킬로미터를 걸어서 새로운 풍습과 사상을 대륙 전역에 전파했어요. 또한 유목민인 몽골 전사들이 쳐들어와 방대한 땅을 장악하며 공포에 빠뜨렸어요.

중국의 황금기

한나라가 3세기에 막을 내린 뒤, 중국은 무력한 황제와 야심에 찬 장군이 번갈아 집권하며 오랫동안 불안정한 시기를 겪었어요. 마침내 강력한 수나라가 등장하며 평화가 다시 찾아왔고, 평화는 그다음 당나라와 송나라 때도 이어졌어요. 중국은 이 황금기에 찬란한 업적을 남겼어요.

수나라 581-618년

상인이 중국 전역을 쉽게 이동하도록 그물망 형태의 운하 건설

표준화된 동전 사용

관리 제도의 발달

당나라 618-907년

군을 확충하여 동쪽의 고려 정복, 서쪽의 투르키스탄 정복

여러 시인과 화가가 위대한 작품을 남김

도자기 예술의 발전

목각 활자를 이용해 종이책 인쇄

송나라 960-1279년

군사 및 무역 원정을 위해 해군을 상비군으로 설치한 최초의 정권

최초로 나침반을 이용해 진북 발견

최초로 지폐 발행

화약을 발명해 불꽃놀이에 사용

581-1294년 : 중국과 몽골족

유목민 몽골족

몽골족의 고향은 중국과 동유럽 사이에 펼쳐진 나무 없는 평원이었어요. 몽골족은 '유르트'라는 이동식 천막에 살며 새로운 목초지를 찾아 떠돌고, 경쟁 부족을 습격해 도적질을 하는 유목 민족이었어요.

몽골족 무사들은 말을 능숙하게 몰았고 무자비한 전사였어요. 몽골족의 우두머리인 테무친은 2만 명의 군사를 모아 다른 몽골 부족들을 통일했고, 1206년에 '최고 지도자'라는 뜻으로 '칭기즈 칸'이라는 호칭을 받았어요. 칭기즈 칸의 진두지휘로, 몽골족은 중국 북부를 침략해 수천 명을 학살했어요.

1279년, 칭기즈 칸의 손자인 쿠빌라이 칸이 중국 전체를 정복했어요. 그는 원나라를 건국하며 베이징을 수도로 삼았어요. 외국 상인들은 중국의 비단과 도자기, 옥 공예품을 사들여 한밑천 잡으려고, 금과 은을 가지고 과감히 비단길에 올랐어요. 외국 상인은 대개 아랍인이었지만 용감한 유럽인도 드물게 있었어요.

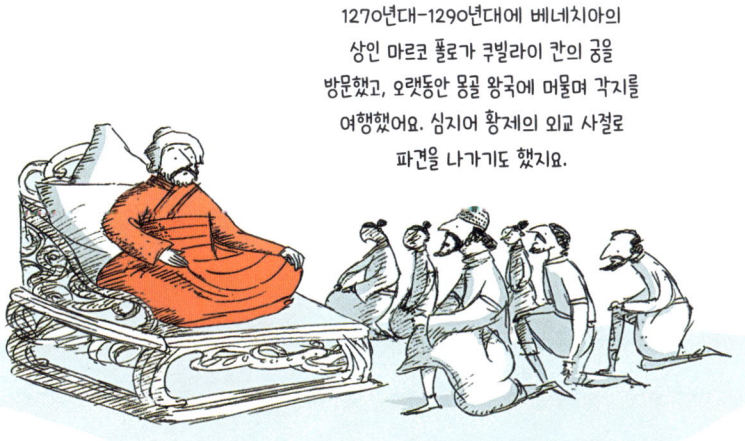

1270년대-1290년대에 베네치아의 상인 마르코 폴로가 쿠빌라이 칸의 궁을 방문했고, 오랫동안 몽골 왕국에 머물며 각지를 여행했어요. 심지어 황제의 외교 사절로 파견을 나가기도 했지요.

몽골족 대 이슬람

550년대 이래로 몇몇 힌두 왕국이 인도를 이루고 있었어요. 하지만 북쪽 왕국들이 서서히 이슬람 통치자들에게 정복당했어요. 1300년대 무렵에는 인도 북쪽 전체가 델리 왕조의 이슬람 통치자인 '술탄'의 지배를 받았어요.

그 뒤에는 새로운 몽골족 지도자인 '티무르'가 인도를 침략했어요. 티무르는 페르시아와 러시아의 영토를 장악하고 인도를 침략하며 새로운 제국을 세우기 시작했지요. 티무르는 1398년에 델리를 공격해 함락시켰지만, 티무르가 죽은 뒤에 곧 이슬람교도들이 권력을 되찾았어요.

남쪽이 강해지다

델리 왕조의 술탄들은 인도 남부의 힌두 왕국들을 자주 공격했어요. 하지만 토착 힌두교도 왕들이 모여 강력한 비자야나가르 제국을 세워 영토를 지켰어요.

550년대-1431년 : 인도 · 불교의 전파 · 크메르 왕국

서로 관용하다

힌두 왕국의 왕들은 호화로운 궁에서 수백 명의 하인뿐 아니라 여흥을 책임질 무희, 음악가를 비롯해 시인까지 거느리고 살았어요. 왕들은 드높은 힌두교 사원을 지었지만, 불교 승려들이 가르침을 전파하는 것도 너그러이 허용했어요. 인도의 여러 상인과 승려는 동남아시아로 건너가, 힌두교와 불교를 널리 전파했어요.

밀림 속 왕국

캄보디아는 크메르족의 고향이었어요. 크메르족은 왕을 신으로 섬기면서도 힌두교 신들을 기리는 거대한 사원도 지었어요. 수도 앙코르는 인구가 50만 명에 달하는 화려한 도시로, '앙코르와트'라는 거대한 사원을 중심으로 세워졌어요.

1431년, 앙코르는 이웃 나라 수코타이 왕국의 침략을 받았어요. 파괴된 채 버려진 크메르의 도시들을 이번에는 밀림이 습격했어요. 나무뿌리들이 문을 틀어막고 덩굴 식물이 무너져 가는 탑들을 휘감았어요.

앙코르와트는 힌두교 사원으로 지어졌지만 나중에는 불교 사원으로 바뀌었어요.

600-1450년 : 일본 · 오스트레일리아 · 뉴질랜드 · 남태평양

천황과 쇼군

600년대 무렵, 일본은 예부터 이어 온 황족이 통치했어요. 600년대의 일본 천황들은 중국 문화를 우러러봤어요. 그래서 궁전을 중국식으로 짓고, 중국의 사상을 바탕으로 예술과 기술, 법과 통치 체제를 발전시켰지요. 불교도 중국에서 들어와 기존의 일본 종교인 신도와 더불어 대중적인 종교로 자리 잡았어요.

처음에는 천황들이 일본 땅을 모두 소유했지만, 차차 넓은 땅을 권세 높은 귀족 가문들에게 나눠 주었어요. 1192년에는 천황이 미나모토 요리토모라는 귀족을 군사령관, 즉 '쇼군'으로 임명했어요.

무사도

그때부터 쇼군은 일본의 실질적인 통치자가 됐어요. 쇼군은 지방의 봉건 영주 '다이묘'의 지원과 '사무라이'라는 무사단의 비호를 받아 권력을 유지했어요. 사무라이는 항복 대신 죽음을 택하도록 훈련받았고, 일본 침략을 기도했던 쿠빌라이 칸의 몽골 군대를 격퇴할 만큼 막강했어요.

사무라이는 갑옷으로 몸을 보호하고 휘어진 모양을 한 장도를 들고 싸웠어요.

태평양의 섬에 사는 사람들

같은 시기에 오스트레일리아, 뉴질랜드, 태평양 제도에 사는 사람들은 전혀 다른 삶을 살았어요. 그들은 도시에 살지도 않았고, 봉건 체제에 예속되어 땅을 일구지도 않았어요. 일부 태평양의 섬에서는 농경을 시작했지만 대부분은 낚시·사냥·채집 생활을 했어요.

태평양 한복판에 뚝 떨어져 있는 뉴질랜드의 마오리족과 이스터섬 주민들은 조상을 숭배하고, 특정한 장소들이 신성하다고 믿었어요. 오스트레일리아 원주민들은 혼령들이 '꿈 시대'로 불리는 시대에 세계를 만들었다고 믿었어요. 그 지역 사람들 다수가 이런 관습과 믿음을 오늘날에도 지켜 가고 있어요.

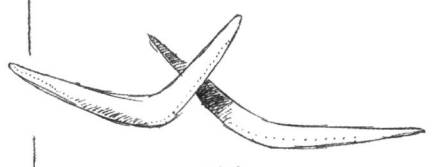

부메랑
오스트레일리아인은 창과 '부메랑'이라는 휘어진 나무토막으로 에뮤나 캥거루처럼 날쌘 동물들을 잡았어요.

헤이티키
헤이티키는 마오리족이 목에 거는 녹옥 장신구예요. 마오리족의 시조를 표현한 것으로, 가보로서 대대손손 물려주지요.

모아이
1000년에서 1500년 사이에 이스터섬 사람들은 해안선을 따라 900여 개에 달하는 석상을 빙 둘러 세웠어요. 이 석상을 '모아이'라고 불러요. 높이가 12미터에 달하고 머리가 거대한 이 바위 형상들은 옛날 족장들을 표현한 것으로 추정돼요.

아메리카

아메리카 대륙은 모험심 넘치는 바이킹 소수와 아시아 상인들이 찾아온 것을 제외하면, 줄곧 세계로부터 고립돼 있었어요. 이누이트와 평원에 사는 인디언 원주민들은 수렵·채집 생활을 이어 간 반면, 여러 문명이 한곳에 정착해 도시를 세우기 시작했어요.

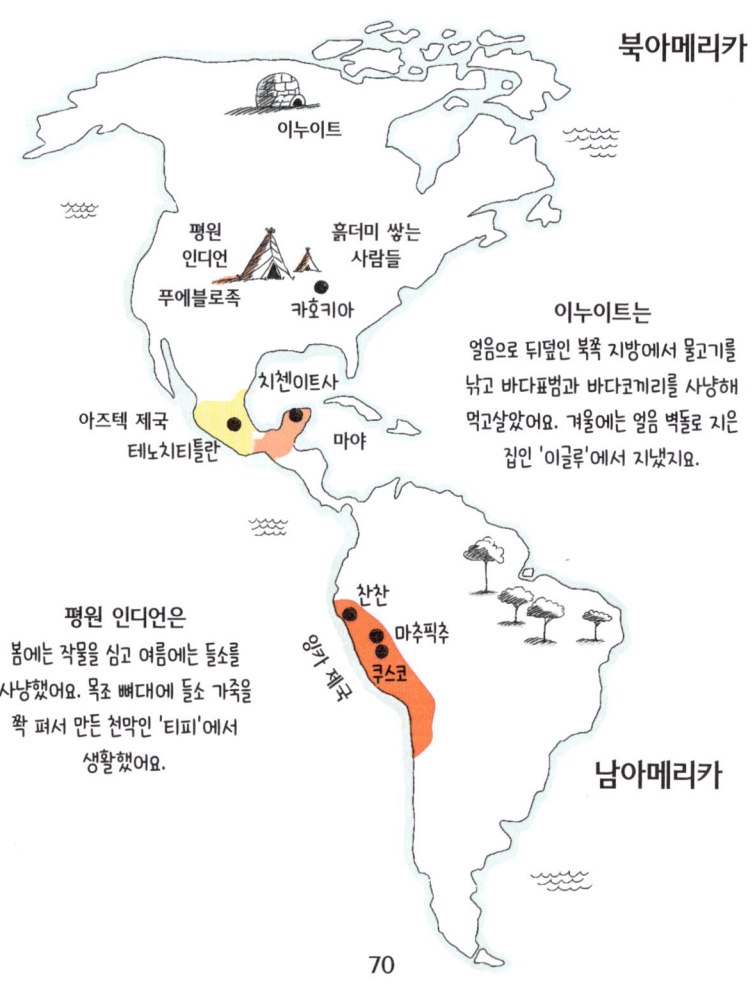

진흙과 흙더미

700년대에 농경 민족이 북아메리카에 처음으로 정착해 첫 도시를 세웠어요. 미시시피 계곡에 사는 인디언 부족들은 '흙더미 쌓는 사람들'로 알려졌어요. 그들이 세운 '카호키아' 같은 도시에서는 윗부분을 평평하게 만든 거대한 흙더미 위에 신전이나 중요한 사람의 집을 지었기 때문이에요.

남서부의 사막에서는 말린 점토인 '어도비'로 집을 지었어요. 5층 높이의 집도 있고, 어떤 집들은 가파른 협곡 옆면에 지어졌어요. 이러한 주거 형태와 이곳에 사는 인디언 부족은 '푸에블로'로 알려졌어요.

라마

구름 사이에 세운 도시

남아메리카 안데스산맥에서 잉카 농부들은 산비탈에 계단식 밭을 만들어 작물을 재배했고, 무거운 짐은 라마 등에 실어 날랐어요. 그들은 신전과 별을 관측하는 천문대 등 석조 건축물로 이뤄진 도시에서 살았어요. 전령과 상인과 군인들은 잘 구축된 도로망을 따라 이동했고, 갈대를 꼬아 엮은 밧줄 다리를 건너기도 했어요.

1300-1500년 : 아즈텍 제국

아즈텍 제국

1300년 무렵, '멕시카'라는 유목 민족이 멀리 북쪽 사막 지대를 떠나 중앙아메리카에 있는 오늘날의 멕시코 땅에 와서 살기 시작했어요. 훗날 그들은 '아즈텍'족으로 알려져요. 아즈텍족은 산으로 에워싸인 텍스코코 호수의 한 섬에 정착해 도시를 세웠어요. 나중에 이곳은 아즈텍 제국의 수도이자 중심지인 '테노치티틀란'이 되었어요.

800년대-1300년대 : 아프리카 왕국들

아프리카의 도시들

800년대 무렵, 북아프리카의 이슬람 상인들은 한 달간 낙타를 타고 고생스레 사하라 사막을 건너 서아프리카까지 갔어요. 그곳 토착민은 금·노예·상아를 북부의 물품 및 소금과 맞바꿔 부자가 됐어요. 더운 지방에서 식량을 저장하려면 소금이 꼭 필요했기 때문이에요.

금광은 어마어마한 부의 원천이어서, 나이저강의 교역소는 팀북투 시로 성장했어요. 그리고 그 일대에서 부유했던 가나와 말리와 송가이 왕국이 차례로 흥망했어요.

세계 최고의 부자

중세 최고의 부자는 말리 왕국의 '만사'(통치자)인 무사 케이타 1세였어요. 그는 독실한 이슬람교도여서, 1324년에 서아프리카에서 메카까지 '하지', 즉 성지 순례에 올랐어요.

만사 무사의 수행원들 그리고 황금을 실은 낙타와 말의 행렬은 끝이 보이지 않을 만큼 길었다고 해요.

만사 무사는 성지로 가는 길 곳곳에 모스크를 지었고, 가난한 사람들에게 황금을 나눠 줬어요.

800년대-1300년대 : 아프리카 왕국들

진흙과 모스크와 책의 도시

팀북투는 1300년대에 가장 국제적인 도시에 속했어요. 팀북투에는 왕궁과 북적이는 시장과 아름다운 모스크가 있었는데, 모두 진흙 벽돌로 지었지요. 또 유명한 대학도 있어서 이슬람 문화권 전역에서 학자와 책 장수가 모여들었어요.

동쪽의 도시들

동부에는 해안을 따라 번화한 항구들이 생겨났어요. 아프리카 사람들은 항구에서 아라비아 상인은 물론 멀리 중국에서 온 상인들과도 무역을 했어요.

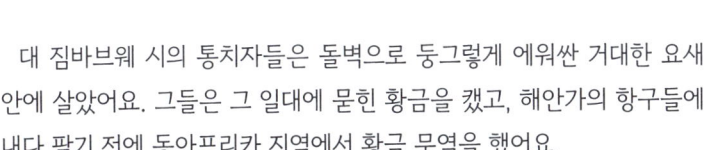

1400년대 초에 중국의 무역 원정대는 황제에게 바칠 아프리카의 동물들을 배에 실어 갔어요.

대 짐바브웨 시의 통치자들은 돌벽으로 둥그렇게 에워싼 거대한 요새 안에 살았어요. 그들은 그 일대에 묻힌 황금을 캤고, 해안가의 항구들에 내다 팔기 전에 동아프리카 지역에서 황금 무역을 했어요.

북쪽에 있는 에티오피아 왕국은 기독교를 믿었어요. 1200년 무렵, 랄리벨라 왕은 예루살렘을 본받아 신성한 도시를 세우고 싶었어요. 그래서 암벽 비탈을 깎아 교회 11채를 지었지요. 그곳은 훗날 왕의 이름을 딴 랄리벨라 성지가 됐어요. 각 교회는 십자가 모양으로 지어졌고 그중 몇 채는 굴로 연결돼 있어요.

격변하는 동쪽

중세 시대 초기에 슬라브족, 마자르족, 불가르족을 포함한 중앙아시아의 여러 부족이 서쪽으로 이주했어요. 10세기 무렵, 그들은 유럽 동부에 정착해 폴란드, 모라비아, 보헤미아(오늘날의 체코), 크로아티아, 불가리아, 헝가리를 세웠어요.

한편 '루스'라고 불린 바이킹 상인들의 후손이 러시아를 세웠어요.

989년에 블라디미르 1세가 비잔틴 제국의 왕녀와 결혼해 그리스 정교회를 국교로 정했어요. 수도인 키예프는 문화·종교·예술의 요지가 되었어요.

정복자들의 충돌

남쪽으로 더 내려오면 현재 터키 지역에 튀르크족의 한 부족인 셀주크족이 권력을 잡았어요. 셀주크족은 세력을 확장해, 비잔틴 제국의 일부와 이슬람 제국들을 장악했어요. 하지만 13세기에 셀주크족, 러시아, 폴란드, 헝가리는 모두 승승장구하던 몽골족 군대의 침략을 받았어요. 셀주크족은 터키를 제외한 모든 영토를 빼앗겼어요.

그 뒤로 1301년에 야심 찬 터키 왕자 오스만은 자신이 모든 튀르크족의 술탄(통치자)이라고 선포했어요. 술탄이 된 오스만 1세와 그의 후손은 흑해 주위와 발칸 땅을 정복했고, 훗날 오스만 제국으로 알려지는 나라를 세웠어요.

1000-1453년 : 동유럽·러시아·콘스탄티노플의 오스만족

콘스탄티노플은 세계에서 가장 완벽히 요새화된 도시에 속했어요. 하지만 오스만 제국의 술탄인 메흐메드 2세가 53일간 포위하고 대포 폭격을 퍼붓자 1453년에 함락되었지요.

콘스탄티노플 함락

그로부터 150년간 오스만 제국은 비잔틴 제국의 영토를 더욱더 장악해 갔어요. 결국 비잔틴 제국은 튼튼한 성곽에 에워싸인 콘스탄티노플만 남았어요. 마지막 황제는 콘스탄티노플을 지키기 위해 목숨을 바쳐 싸웠지만, 포위를 늦추지 않던 오스만 군대가 들이닥쳐 도시를 장악했어요. 콘스탄티노플은 훗날 이스탄불이라는 새로운 이름으로 불려요.

그 여파로 수많은 학자를 비롯한 난민의 행렬이 유럽으로 길게 이어졌어요. 오스만 제국에 있던 비잔틴 성당들은 이슬람 사원으로 바뀌었고, 그 뒤로는 러시아가 그리스 정교회를 이끄는 나라가 되었어요.

콘스탄티노플이 함락되면서, 유럽은 중세 시대의 막을 내리고 '근세 시대'로 접어들어요.

연대표 : 중세 세계

시기	아메리카	유럽
500년		527-565년 : 유스티니아누스 황제가 비잔틴 제국 통치
600년	600년경 : 마야 문명의 절정기	
700년	700년경 : 미시시피 계곡에 사는 인디언 부족들이 도시 건설 시작	
		790년대-1100년대 : 바이킹의 침략
800년		800-814년 : 카롤루스 대제(샤를마뉴)가 신성 로마 제국 통치
900년	900년경 : 푸에블로족이 어도비로 도시 건설 시작	871-899년 : 앨프레드 대왕이 영국 통치
1000년	1000년경 : 레이프 에릭손이라는 바이킹이 북아메리카에 도착	1054년 : 동유럽의 기독교 교회가 서유럽의 교회로부터 분리
1100년		1066년 : 노르만족이 영국 정복
1200년		1215년 : 영국의 존 왕이 '마그나 카르타'(대헌장)에 서명
1300년	1300년대 : 아즈텍 제국	
		1340년대-1350년대 : 아시아에서 시작된 흑사병이…
1400년	1438년 : 잉카 제국	1453년 : 콘스탄티노플 함락

연대표: 중세 세계

아프리카	아시아	오스트레일리아
490년대: 반달족이 북아프리카 침공 533년: 비잔틴 제국이 북아프리카 정복 697년: 아라비아인이 북아프리카 정복 700년경: 가나 왕국 건국	581-618년: 중국 수나라 610년: 무함마드가 메카에서 이슬람교 설파 618-907년: 중국 당나라 632년 이후: 아라비아의 칼리프들이 이슬람교 제국 건설 802년: 캄보디아에 크메르 왕국이 탄생했어요. 960-1279년: 중국 송나라	750년경: 마오리족이 뉴질랜드 도착
1000년경: 베냉 왕국과 이페 왕국 건국 1181-1221년: 랄리벨라 왕이 에티오피아 통치 1200년: 말리 왕국 건국 1324년: 무사 케이타 1세가 성지 순례	1055년: 셀주크족이 바그다드 정복 1095-1291년: 십자군 전쟁 1192년: 쇼군이 일본 통치 1206-1227년: 칭기즈 칸이 몽골 제국 건설 1270년대-1290년대: 마르코 폴로가 중국에 머무름 1301년: 오스만 1세가 오스만 제국의 술탄이 됨 1336년: 남인도에 비자야나가르 제국 형성	1000년 이후: 이스터섬 사람들이 모아이 석상을 세움
… 유럽과 북아프리카로 퍼졌어요.		
1350년: 대 짐바브웨의 도시가 최고로 확장	1398년: 티무르가 북인도를 침략	

제3부
근세 세계
1450년대 이후

세계를 발견하다

500년 전, 사람들은 넓은 세상을 알지 못했어요. 중세시대에 생겨난 대제국들은 웅장한 도시와 훌륭한 풍습과 종교를 뽐냈지만, 대부분의 사람들은 죽을 때까지 태어난 곳을 떠나지 않았어요. 사람들은 자신들이 사는 지역 바깥에 얼마나 거대한 세계가 존재하는지, 얼마나 막대한 부가 있을지 상상조차 하지 못했지요.

항해에 나서다

장사를 크게 하는 상인들은 먼 나라와 교역하기 위해 낙타를 이끌고 일 년씩 걸리는 위험천만한 여정에 오르곤 했어요. 덕분에 향신료, 비단, 그 밖의 값진 물품을 거래해 엄청난 재산을 모을 수 있었지요. 그런데 콘스탄티노플이 오스만 제국에 넘어가자 유럽과 아시아 간의 교역이 끊기고 말았어요. 그러자 유럽의 왕들은 이를 대체할 더 빠른 뱃길을 찾기로 했지요.

이에 왕들은 탐험가들을 미지의 바다로 내보내기 시작했어요. 이 항해는 세계 무역과 탐사의 시대를 열었고, 훗날 현대 세계를 형성하는 데 기여했어요.

1350년대-1600년대 : 유럽의 르네상스

르네상스

탐험가들이 새로운 세계를 찾아 나선 동안, 온 유럽에는 예술·과학·사고방식에 큰 변화가 불어닥쳤어요. 이탈리아에서 시작된 이러한 문예 부흥 운동을 '르네상스'라고 해요. 르네상스 화가와 작가는 고대 그리스·로마 시대의 고전 미술, 건축, 문학에서 영감을 얻어 자신들만의 새로운 사상을 모색했어요.

건축가들은 돔, 주랑, 아치를 지닌 아름다운 건물을 새로 지었어요.

르네상스 화가와 조각가는 고대 조각상을 스케치하고 똑같이 따라 그리며 연습했고, 최대한 실감 나게 표현하려고 실제 사람을 모델로 썼어요.

고대 조각상

조각가

모델

거장 화가

훈련 중인 화가들

후원자들

로렌초 데 메디치를 비롯한 부유한 후원자들은 뛰어난 예술가에게 돈을 대고 자신들을 위한 그림과 조각을 제작하게 했어요.

르네상스 시대에 이름을 떨친 몇몇 사람은
오늘날까지도 유명해요.

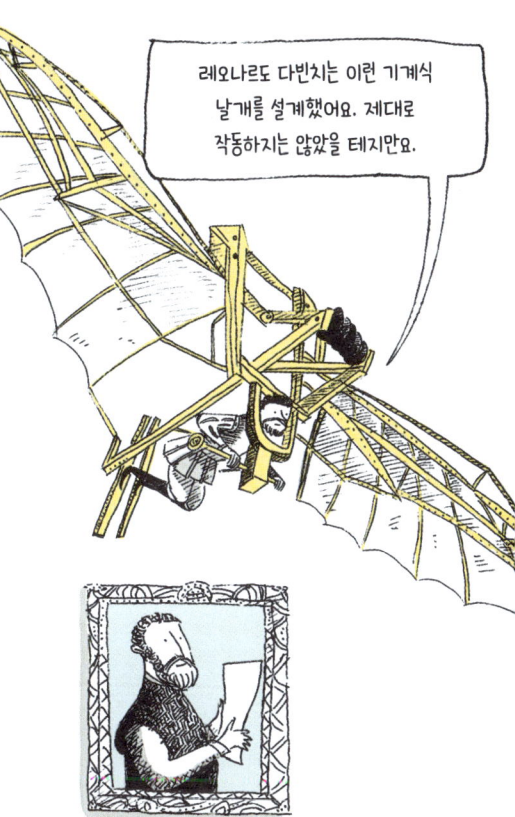

레오나르도 다빈치는 이런 기계식
날개를 설계했어요. 제대로
작동하지는 않았을 테지만요.

레오나르도 다빈치(1452-1519년)는 화가이자
조각가, 건축가이자 발명가였어요. 다빈치가
그린 <모나리자>는 세계에서 가장
유명한 그림 중 하나예요.

오늘날 벨기에의 브뤼헤에서 활동한 화가
얀 반 에이크(1390년경~1441년)는
처음으로 유화 물감을 사용해 유명해졌어요.

미켈란젤로 부오나로티(1475-1564년)는
로마의 시스티나 성당에 천장화를
그렸고 성서 속 인물 다비드의 대리석
조각상을 만들었어요.

이사벨라 데스테(1474-1539년)는
이탈리아의 도시 만투아를 다스렸어요.
이사벨라는 외교관이자 음악가,
예술가들의 후원자였고, 패션을 선도했어요.

건축가 안드레아 팔라디오(1508-1580년)는
고전 그리스·로마 건축의 비율을 바탕으로
궁과 교회를 설계했어요.

1450년대-1600년대 : 르네상스 시대의 과학

과학 혁명

르네상스 시대에는 지식인들이 문학과 예술은 물론, 정치학과 철학, 수학과 과학까지 다양한 분야의 학문을 섭렵하려는 분위기가 무르익었어요. 발명가들은 새로운 형태의 시계, 무기, 엔진, 망원경, 현미경을 만들어 냈지요. 덕분에 과학자들은 세계를 새롭게 관찰할 수 있었고, 이는 획기적인 발견들로 이어졌어요.

화학과 약학

연금술사라 불리던 사람들은 영원히 죽지 않게 해 주는 묘약이나 값싼 금속을 금으로 바꾸는 묘약을 만들려고 애썼어요. 물론 그런 묘약은 만들지 못했지만, 연금술사는 유용한 실험 도구를 발명했고 다양한 화학 물질을 추출하고 사용하는 법을 터득했어요. 이는 훗날 화학이라는 학문으로 발전했어요.

의사는 동식물을 연구했고, 인체에 관한 지식을 얻기 위해 시신을 해부했어요.

해부학을 공부하는 학생들은 시체를 해부하는 장면을 지켜봤어요.

세계관의 변화

고대부터 사람들은 태양과 행성들이 지구 주위를 돈다고 믿었어요. 그런데 1543년, 폴란드의 사제인 니콜라우스 코페르니쿠스는 행성들이 태양 주위를 돈다고 주장하는 책을 발표했어요.

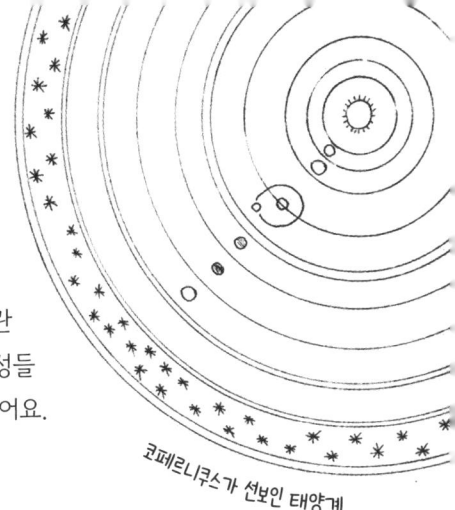

코페르니쿠스가 선보인 태양계

갈릴레오의 발견

처음에 사람들은 코페르니쿠스의 주장을 믿지 않았어요. 하지만 이탈리아의 천문학자 갈릴레오 갈릴레이가 코페르니쿠스의 주장이 옳다는 사실을 입증해 냈어요. 자신이 발명한 새로운 망원경으로 관측한 덕분이었어요.

하지만 사람들은 분노했어요. 갈릴레오가 입증한 사실은 가톨릭교회의 믿음에 어긋났기 때문이지요. 1633년에 갈릴레오는 종교 재판에 회부되어 종신 가택 연금형을 선고받았어요.

영국의 과학자 로버트 훅은 동식물의 조직을 이루는 '세포'를 최초로 발견했어요. 훅은 새로 고안한 현미경으로 관찰하여 이런 스케치를 남겼어요.

1517-1600년 : 종교 개혁

신부를 향한 불만

1500년대 서유럽 사람들에게 가톨릭교회는 일상을 밑받침하는 토대였어요. 하지만 많은 사람들이 교회의 운영 방식에 불만을 품기 시작했어요. 일부 교구의 신부들은 교육 수준이 형편없어서 라틴어로 이뤄지는 미사를 제대로 올리지도 못했어요. 한편, 고위 성직자들은 지위를 남용해서 부와 권력을 손에 넣으려고 했어요.

종교 개혁

1517년에 독일의 수사이자 교수인 마틴 루터는 교회가 개혁해야 할 과제를 목록으로 만들었어요. 유럽 전역에 루터를 따르는 사람들이 무수히 생겨났고, 이들은 교회에 항의하며 결국 분리를 선언했어요.

이렇게 로마 카톨릭교회에서 떨어져 나온 분파를 '프로테스탄트(개신교)', 이런 움직임을 '종교 개혁'이라고 불러요.

스위스에서 영국까지 프로테스탄트는 독자적인 교회를 세웠고, 각자의 민족 언어로 예배를 올렸어요. 여러 나라에서 다양한 형태의 개신교가 국교로 채택됐어요.

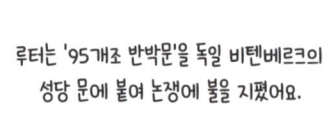

루터는 '95개조 반박문'을 독일 비텐베르크의 성당 문에 붙여 논쟁에 불을 지폈어요.

말씀을 전파하다

종교 개혁의 사상은 당시의 최신 전달 매체였던 인쇄기에 힘입어 빠르게 퍼져 나갔어요. 1440년대에 독일의 서적상인 '요하네스 구텐베르크'가 새로운 인쇄술을 발명한 덕분이었어요.

이전까지 유럽에서는 손으로 베껴 써서 책을 만들었는데, 이제는 싼값에 빠르게 대량으로 책을 찍어 냈어요. 이로써 훨씬 많은 사람들이 책과 전단, 심지어 각 민족어로 옮긴 성경책도 구할 수 있게 됐어요.

구텐베르크가 인쇄한 첫 번째 책은 성경이었어요.

반격에 나선 가톨릭교회

가톨릭교회의 지도자들은 신도들을 되찾기 위해 '반종교 개혁'이라는 내부 개혁을 펼쳤어요. 사제를 교육하는 대학을 세우고, '예수회'라는 새로운 수도회를 설립하고 회원들을 '예수회 신도'라고 부르며 사람들을 다시 가톨릭으로 돌려놓기에 나섰어요.

한편, 종교 재판소는 가톨릭 국가의 수도사들이 운영하는 사법 체계였어요. 프로테스탄트는 물론이고, 가톨릭의 믿음에 반하거나 타락한 가톨릭 신자로 간주되는 사람은 누구든 심문하고 벌했어요.

1419-1522년 : 유럽의 탐험가들

바다의 개척자들

1400년대 유럽의 통치자들은 극동 지역에서 나는 이국적인 물건을 몹시 탐냈어요. 그래서 탐험가를 파견하여 해상 무역로를 찾게 했는데, 이는 나라 간에 경쟁으로 번졌어요. 단지 바다 정복이 목적이 아니라, 전에는 존재하는지도 몰랐던 땅을 먼저 찾아 소유권을 주장하기 시작했지요.

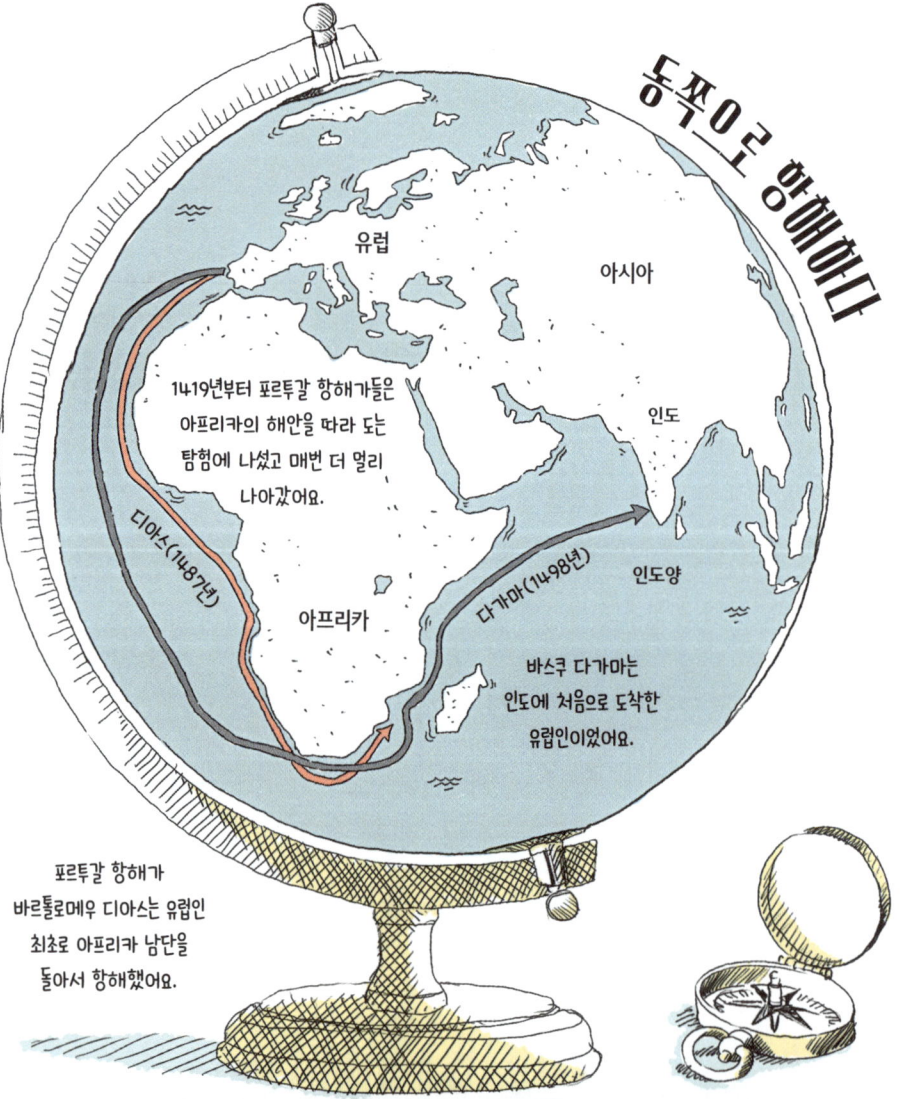

동쪽으로 항해하다

1419년부터 포르투갈 항해가들은 아프리카의 해안을 따라 도는 탐험에 나섰고 매번 더 멀리 나아갔어요.

디아스(1487년)

다가마(1498년)

바스쿠 다가마는 인도에 처음으로 도착한 유럽인이었어요.

포르투갈 항해가 바르톨로메우 디아스는 유럽인 최초로 아프리카 남단을 돌아서 항해했어요.

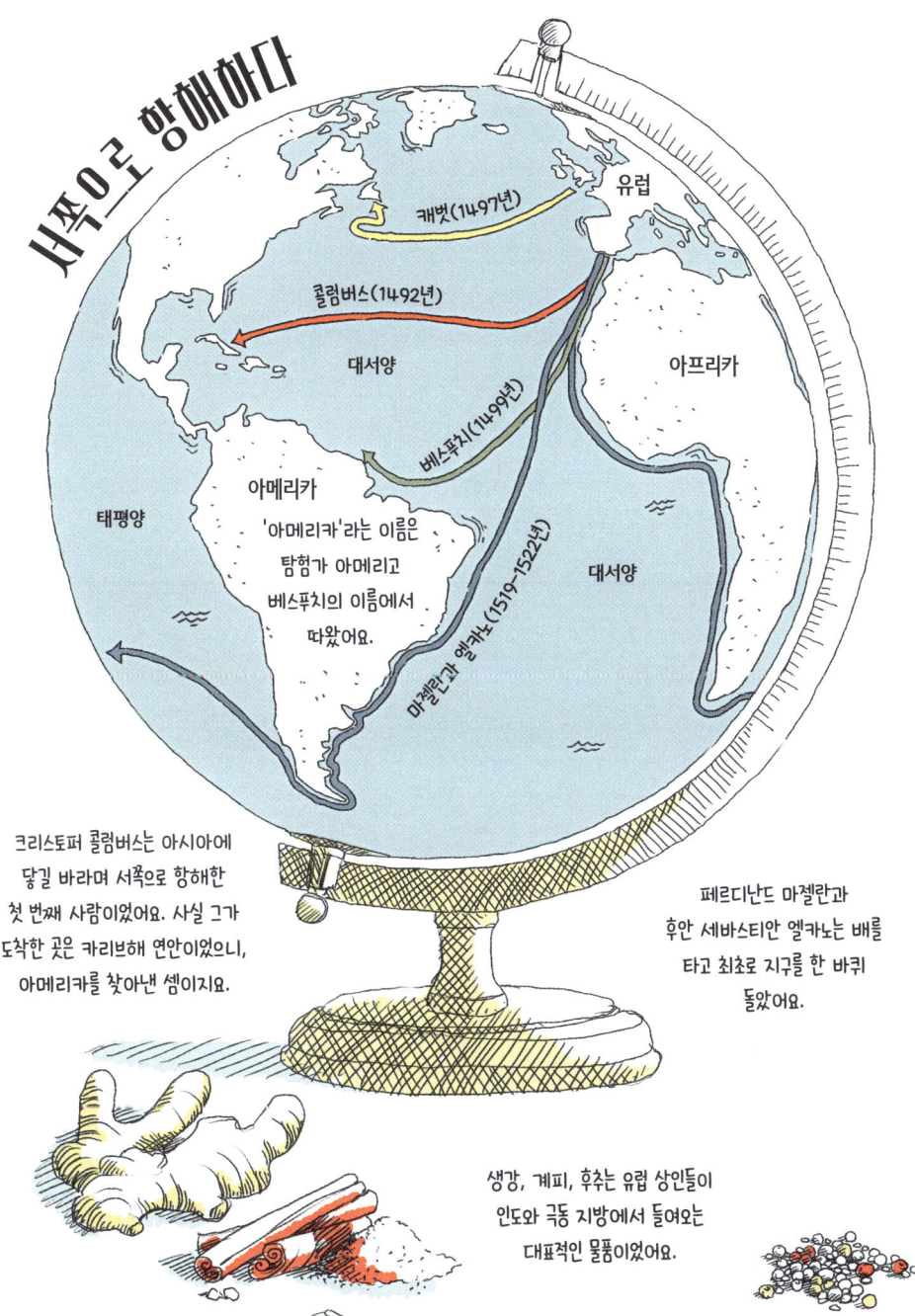

1490년대-1550년대 : 신세계의 유럽인

신세계 탐험가들

'콘키스타도르'로 알려진 에스파냐의 탐험가들은 서둘러 콜럼버스를 뒤쫓아 '신세계'라고 부르던 아메리카 대륙으로 갔어요. 땅을 장악하고 착취해 이득을 취할 목적이었지요. 에스파냐 탐험가들은 서인도 제도, 멕시코, 남아메리카의 대부분을 정복했고, 그 과정에서 아즈텍족과 잉카족을 몰살하다시피 했어요. 그러는 사이, 포르투갈 탐험가들은 브라질의 영토를 포르투갈 왕의 소유라고 선포했어요.

한편, 프랑스는 좋은 돈벌이였던 모피 무역을 위해 북아메리카에서 오늘날의 캐나다 땅에 눈독을 들였어요. 영국과 네덜란드와 독일의 식민지 개척자들은 훗날 미국으로 불릴 곳에 정착했지요.

이 그림은 아즈텍족이 에스파냐의 정복을 생생히 묘사한 수많은 기록화를 바탕으로 했어요.

토착민들은 말을 처음 보았고, 유럽 군대의 무기를 당해 낼 수 없었어요.

이득

신세계의 식민지 개척자들은 엄청난 위험과 고초를 감수해야 했지만, 그만큼 어마어마한 재산을 손에 넣었어요. 남아메리카에서 비옥한 농지는 물론 금, 은, 에메랄드도 찾아냈지요.

식민지 개척자들은 유럽에서 키우던 동물과 작물을 신세계로 싣고 왔고, 옥수수와 감자 같은 작물을 유럽에 처음으로 소개했어요. 북아메리카 남부의 대농장 소유주들은 유럽에 내다 팔 목화와 담배를 재배해 막대한 이윤을 올렸어요. 서인도 제도에서 가장 수익이 높은 작물은 사탕수수였어요.

손실

하지만 유럽인이 취한 이득은 무시무시한 착취를 행한 결과였어요. 원주민들은 농장과 탄광에서 강제로 일해야 했는데, 노동 조건이 열악해 수천 명이 목숨을 잃었어요. 또, 유럽에서 온 질병들에 면역력이 없어서 수천 명의 원주민이 병으로 죽었어요.

주인 없는 바다의 해적

에스파냐 사람들은 배에 보물을 가득 실어 고향으로 보냈는데, 해적은 호시탐탐 기회를 엿보다가 이런 배를 공격했어요. 심지어 프랑스와 영국 정부는 에스파냐 선박에서 금은을 훔쳐 오는 이에게 포상을 내렸어요.

1516-1648년 : 유럽의 왕가

위대한 왕가

유럽의 탐험가들이 신세계에서 영토를 쟁취하는 동안 그들의 통치자들은 본토에서 주도권 다툼을 벌였어요.

1500년대에 유럽, 아시아, 이슬람 제국은 몇 안 되는 통치자 가문이나 왕가의 지배를 받았어요.

유럽 최고의 권력

오스트리아의 왕가인 '합스부르크가'는 영리한 정략결혼으로 전 유럽에서 권력을 잡았어요. 카를로스 1세 치하에서 권세가 절정에 달했지요. 이탈리아, 네덜란드, (독일과 중부 유럽 국가들로 이뤄진) 신성 로마 제국의 일부 지역과 에스파냐를 포함해 유럽 대부분을 장악했어요.

위태로운 균형

프랑스의 발루아 왕가와 뒤이은 부르봉 왕가는 합스부르크 왕가와 숱한 전투를 벌였어요. 합스부르크 왕가의 영토가 프랑스를 에워싸고 있어 이를 견제하고 이탈리아의 몇몇 주를 차지하기 위해서였지요.

영국의 튜더 왕조는 프랑스보다 에스파냐 편에 자주 서며, 합스부르크 왕가와 발루아 왕가 사이에서 힘의 균형을 유지했어요. 하지만 헨리 8세가 로마의 가톨릭교회로부터 분리를 선언하자, 독실한 가톨릭 국가인 에스파냐와는 연맹이 끊어졌어요.

1516-1648년 : 유럽의 종교 전쟁 · 30년 전쟁

황제의 괴로움

신성 로마 제국 황제의 왕관

남아메리카에서 에스파냐로 막대한 부가 들어왔는데도 카를로스 1세는 프랑스와 오스만 제국과 끊임없는 전쟁을 벌인 탓에 빚에 시달렸어요. 게다가 카를로스 1세는 신성 로마 제국 황제(카를 5세)로서 독일의 여러 주를 동시에 통치하고 있었는데, 그 주들은 종교 개혁 동안 개신교로 돌아섰기 때문에 가톨릭 왕이 계속 집권하는 것에 분노했어요.

너무도 지쳤던 카를로스 1세는 1556년에 권좌에서 내려와 영토를 분할했어요. 동생 페르디난트가 오스트리아와 신성 로마 제국의 통치권을 넘겨받았고, 아들 펠리페 2세가 에스파냐와 네덜란드, 에스파냐령 신세계의 왕이 되었지요.

종교 전쟁

종교 개혁 이후 종교적 분리로 거의 100년간 가톨릭과 개신교 사이에 전쟁이 벌어졌어요. 프랑스에서 벌어진 내전이 가장 참혹했어요. 1618년에 보헤미아에서 시작된 30년 전쟁은 금세 유럽 전역으로 번졌어요. 전쟁은 확실한 승자 없이 끝났지만 독일의 여러 주, 네덜란드, 스위스는 모두 합스부르크 왕가로부터 독립을 쟁취했어요.

1368-1644년 : 중국 명나라

새롭게 출발하는 중국

1368년, 새로운 왕조인 명나라가 원나라의 몽골족 통치자들을 몰아내고 중국 대륙을 장악했어요. 원나라 치하에서 오랫동안 기근과 빈곤, 정치 불안에 시달려 왔던 터라, 명나라는 쓰러진 나라를 다시 일으키는 데 매진했어요. 수확량을 늘리고 전국적으로 도로와 정치 체제를 개선해 새로운 번영기를 열었어요.

웅장한 성

명나라 때 수도 베이징 한복판에 '자금성'이라는 거대한 궁궐을 짓기 시작했어요. 높은 성벽 안에는 넓은 광장과 정원, 조각상과 화려한 타일로 꾸민 웅장한 홀이 있었어요. 황제와 황족은 신하와 고문관과 호위병을 거느리고 호사스러운 생활을 했어요.

자금성의 태화전
병사
관리

1368-1644년 : 중국 명나라

비단과 은의 교환

명나라는 1514년에 처음 명나라로 온 포르투갈 상인들과 교역을 시작했어요. 포르투갈 상인은 페루와 멕시코의 식민지 광산에서 캔 은을 명나라의 비단, 도자기, 차와 교환했어요. 명나라는 뒤이어 유럽의 다른 나라들에도 엄격한 규제 아래 교역을 허락했어요. 명나라 상인들은 서양 물건에 전혀 관심이 없었기 때문에 유럽 상인들은 반드시 은으로 값을 치러야 했어요.

약탈자와 해적

명나라는 여러 위기에 직면했어요. 일본 해적이 해안 마을을 공격했고, 북방에서 몽골족이 치고 내려왔어요. 명나라 황제들은 만리장성을 보강했어요. 1556년에 강한 지진이 일어났고, 그 뒤로도 자연재해와 반란이 끊이지 않았어요.

결국 명나라는 1644년에 북동 지역의 만주족 통치자들에게 밀려났어요. 만주족은 중국의 마지막 왕조인 청나라를 세웠어요.

시녀

황제는 코끼리가 끄는 수레를 탔어요.

1603-1868년 : 일본의 에도 시대

철저한 고립

대탐험의 시대를 맞아 전 세계에서 교류가 활발해졌지만 일본은 예외였어요. 1603년, 지방 영주인 '다이묘'들이 수십 년간 내전을 벌이자 도쿠가와 가문의 쇼군들이 집권했어요.

도쿠가와 세력은 호전적인 영주들을 모아서 쇄국 정책을 폈어요. 1639년, 도쿠가와 이에미쓰 쇼군은 해외여행을 금지했고 외국인을 모두 추방했어요. 중국과 네덜란드 상인 몇 명만 나가사키만의 작은 인공 섬에 정박하도록 허락했지요. 또 일본의 고대 문화와 신앙을 보존하기 위해 기독교를 믿지 못하게 했어요.

사무라이에서 스모로

도쿠가와 세력은 에도(오늘날의 도쿄)를 새로운 수도로 정했어요. 그래서 그 시기를 '에도 시대'라고 불러요. 에도 시대는 평화와 번영의 시기였어요. 사무라이들은 호전적인 무사도를 버리고 교육자, 예술가, 지방 관리로 거듭났어요. 일부는 사무라이의 전투 실력을 발휘해 일본의 격투기인 스모 학교를 세우고 시합을 여는 데 힘을 보탰어요.

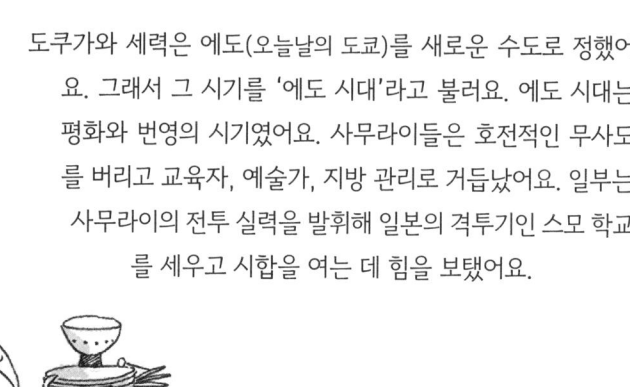

다도는 6세기에 중국의 불교 승려들을 통해 들어와 발전했고, 에도 시대에 이르러 가장 정교해졌어요.

1603-1868년 : 일본의 에도 시대

에도 시대의 문화

에도 시대에는 일본의 예술과 공예가 꽃피었어요. 예술가들은 일상생활을 담은 판화를 제작했는데, 선명한 윤곽과 정교한 세부 묘사가 특징이에요. 도시 사람들은 인형극과 '가부키'라는 양식화된 음악극을 보러 다녔어요.

가부키 배우는 화려한 의상을 입고, 가면을 쓴 듯한 화장을 했어요.

흑선(검은 배)

일본은 200년 넘게 외부 세계와 접촉을 끊고 쇄국 정책을 폈어요. 그러다 1853년, 미국 전함 네 척이 에도만에 들어왔어요. 사령관인 페리 제독이 쇼군을 설득해, 일본은 미국과 무역 협정을 맺었어요.

머지않아 일본은 다른 나라와도 협정을 맺었어요. 그렇게 일본은 고립 상태에서 벗어났고, 마지막 쇼군이 물러나고 천황이 다시 집권하면서 에도 시대는 막을 내렸어요.

일본에서는 시커먼 연기 기둥을 내뿜는 미국의 증기선을 '흑선'이라고 불렀어요.

1462-1796년 : 러시아의 차르

러시아, 유럽을 돌아보다

농노들

러시아는 중국과 마찬가지로 중세 시대에 몽골족의 침략을 받아 혼돈에 빠졌어요. 아시아와 유럽에 걸쳐 광대한 영토를 거느린 러시아는 내다 팔 광물, 농작물, 동물 가죽이 넘쳐 났어요. 하지만 유럽으로 가는 무역로가 없어 고립돼 있었어요. 1462년, 차르 이반 3세를 시작으로 러시아 왕가는 국가를 현대화하고 유럽과 관계를 개선했어요.

1547-1584년
폭군 이반

이반 4세는 의심 많고 포악한 성격 때문에 '그로즈니(공포)'라고 불렸어요. 믿지 못할 사람은 닥치는 대로 죽였어요. 왕위 계승자인 아들도요.

'차르'는 로마 황제에게 붙이는 호칭인 '카이사르'에서 온 단어예요.

이반은 양파 모양의 돔으로 유명한 상크트바실리 대성당을 모스크바에 지었어요. 모스크바에서 동쪽으로 800킬로미터 떨어진 카잔에서 칭기즈 칸의 후예와 싸워 승리한 기념이었어요.

차르는 몽골족에게 빼앗겼던 영토를 되찾았고 러시아 귀족 계급인 '보야르'들로부터 토지를 몰수했어요.

그는 소작농의 권리를 박탈해 주인의 땅을 떠날 수 없는 농노 신분으로 전락시켰어요.

1547-1796년 : 러시아의 차르

이반 4세가 죽은 뒤 내전기를 겪은 끝에, 로마노프 왕조가 1613년에 집권하여 300년 동안 러시아를 통치했어요.

모피 사냥꾼

1682-1725년
표트르 대제

표트르 대제는 스웨덴과 벌인 전쟁에서 승리해 발트해 연안 지역을 얻었어요. 표트르 대제는 이곳에 우아한 유럽 도시를 본 따 상트페테르부르크를 세우고 새로운 수도로 삼았어요. 이 도시는 '유럽으로 향한 창'이라고도 불렸어요.

표트르 대제는 유럽의 기술자, 조선업자, 건축가, 수공업자를 불러와서 새로운 운하, 공장, 배를 짓는 데 도움을 받았어요. 기술을 배우기 위해 왕이 직접 네덜란드와 영국 조선소에서 일하기도 했어요.

표트르 대제는 정치 체제를 개혁했고, 국가를 근대화할 방법을 유럽에서 얻었어요.

차르는 보야르들에게 수염을 깎고 유럽식 옷차림을 따르라고 강요했어요.

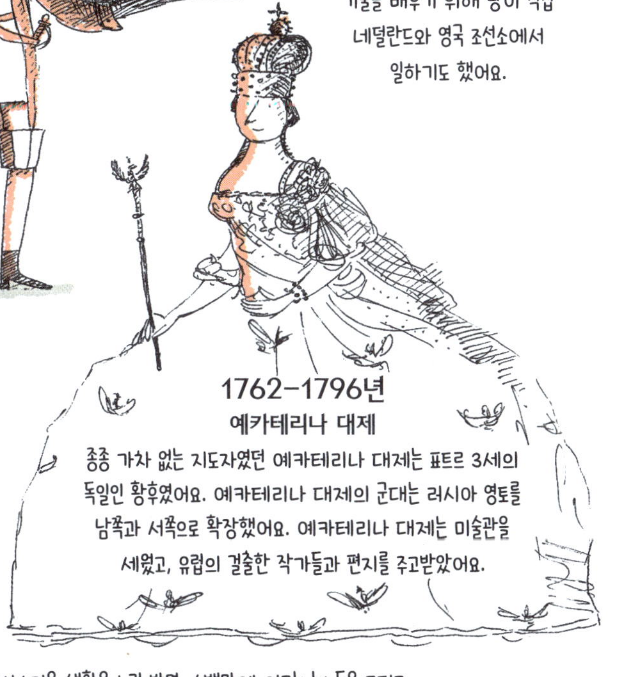

1762-1796년
예카테리나 대제

종종 가차 없는 지도자였던 예카테리나 대제는 표트르 3세의 독일인 황후였어요. 예카테리나 대제의 군대는 러시아 영토를 남쪽과 서쪽으로 확장했어요. 예카테리나 대제는 미술관을 세웠고, 유럽의 걸출한 작가들과 편지를 주고받았어요.

부유한 러시아 귀족들은 호사스러운 생활을 누린 반면, 수백만에 이르는 농노들은 고되고 희망 없는 삶을 살았어요. 1861년까지 농노에게 자유가 허락되지 않았어요.

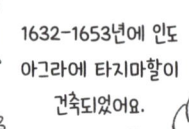
1632-1653년에 인도 아그라에 타지마할이 건축되었어요.

이슬람 제국들

1500년대에 거대한 세 왕조가 이슬람 세계를 통치했어요. '오스만 제국'은 1520년에서 1566년에 술탄 술레이만 대제가 남쪽으로는 페르시아 접경, 북쪽으로는 동유럽까지 영토를 넓혔고, 비엔나마저 위협했어요.

그러는 사이, 칭기즈 칸의 후손을 자처한 무굴 왕조는 인도 영토의 대부분을 통치하며 '무굴 제국'을 세웠어요. 1556년에 '샤(왕)' 악바르 대제가 왕위에 올랐고, 그는 힌두 공주와 결혼해 이슬람교도뿐 아니라 힌두교도로부터 신임도 얻었어요.

한편, 사파비 왕조가 이룬 '사파비 제국'은 페르시아를 통치했어요. 1600년대 초에 강력한 샤 압바스 대왕은 오스만 튀르크족을 몰아냈어요.

풍요로운 동방

이 세 대국은 어마어마한 부를 쌓았고 눈부신 예술 작품과 건축물을 만들었어요. 도시에는 아름다운 정원, 궁전, 목욕탕, 모스크 등이 가득했고, 당시 유럽 최고의 도시들보다도 청결하고 발전해 있었어요.

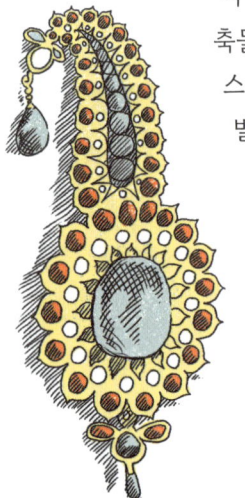

이슬람 국가들의 숙련된 공예가들은 다이아몬드, 에메랄드, 루비, 금으로 터번에 다는 브로치 등의 정교한 장식품을 만들었어요.

1500년대-1700년대 : 오스만 제국 · 무굴 제국 · 사파비 제국

화약 왕국

최신 전투용 총기의 위력을 깨달은 이슬람군은 넓은 제국을 획득했어요. 병사들은 머스킷 총으로 무장했고, 전쟁터에서 더 커다란 총을 나르거나 고정시킬 때 수레나 동물을 이용했어요.

오스만 제국의 포병과 대포

무굴 제국의 머스킷 총 사격수

낙타 등에 대포를 설치한 사파비 제국의 총잡이

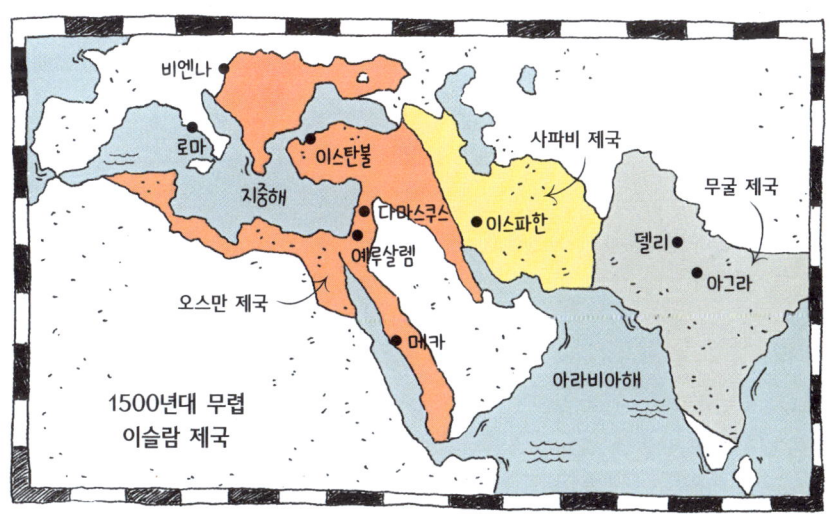

1500년대 무렵 이슬람 제국

1600년대-1715년 : 영국의 내전·프랑스 왕 루이 14세

왕권신수설

17세기에서 18세기의 유럽 왕들은 '절대 군주'였어요. 왕의 권력은 신이 내린다는 '왕권신수설' 아래, 왕의 말은 곧 법이었고, 신하와 백성은 왕의 바람과 변덕에 무조건 복종해야 했어요. 왕들은 통치를 보좌하는 장관들을 뒀지만 어떤 왕은 그들을 무시하고 그에 대한 큰 대가를 치러야 했어요.

1642년에 영국 왕 찰스 1세와 의회가 충돌해 끔찍한 내전이 일어났고, 이는 찰스 1세가 1649년에 단두대에서 처형당하며 끝났어요. 군주제는 1660년에 찰스 1세의 아들 찰스 2세가 왕위에 오르면서 복구되었어요.

왕들의 경쟁

유럽의 군주들은 거대한 궁전을 지었어요. 내부를 화려하게 장식하고, 아름다운 정원과 인공 연못으로 주위를 에워쌌지요. 각국의 왕실은 휘황찬란한 의상과 유흥을 뽐내며 서로 경쟁했는데, 호화롭기로는 프랑스 왕 루이 14세의 '베르사유 궁'이 단연 으뜸이었어요.

서로 총구를 겨누다

전쟁터에서 더욱 치열한 경쟁이 벌어졌어요. 1700년 에스파냐 왕 카를로스 2세는 자식이 없어서 친척인 펠리페 5세에게 영토를 물려줬어요. 그런데 펠리페 5세는 프랑스 왕 루이 14세의 손자였어요. 에스파냐와 프랑스가 연합할 경우 막강해질 것을 경계해, 영국과 네덜란드는 '대동맹'을 맺고 프랑스와 전쟁을 벌였어요.

유럽의 여러 국가가 가담한 13년간의 전쟁이 끝난 뒤, 펠리페 5세는 프랑스와 에스파냐가 분리 상태를 유지한다는 조건 아래 마침내 에스파냐의 왕이 될 수 있었어요. 합스부르크 왕조는 여전히 오스트리아를 통치했지만 에스파냐의 통치는 이로써 막을 내렸어요.

사상의 시대

1700년대에 전쟁이 일어나지 않을 때면 부유한 귀족들은 유럽 전역을 여행하며 예술품을 구입하고 다른 나라의 삶을 구경했어요.

교육받은 귀족과 새로운 '중간 계급(부유한 상인, 사업가, 전문직 종사자)'은 식물, 동물, 진귀한 자연 현상을 연구했고 직접 실험도 했어요. 또한 그들은 집에서 '살롱'이라는 모임을 열어 책, 인간 본성, 통치와 무역의 방법, 만인의 권리 등을 논했어요. 호기심을 바탕으로 한 이 새로운 정신을 '계몽주의'라고 불러요.

1600-1750년 : 네덜란드의 독립 · 튤립 광풍

세계화

새로 발견한 세계 항로 덕분에 유럽 상인들은 엄청난 부자가 되었어요. 그들은 세계 최초로 다국적 기업을 세웠고 세계 곳곳의 사람들을 서로 만나게 했지요. 처음으로 어느 한 장소에서 일어난 사건이 세계적으로 퍼져 반향을 일으키게 되었어요.

네덜란드의 황금기

네덜란드는 다수의 해군 함정과 화물선을 확보했고 세계 무역의 중심지가 됐어요. 그 부에 끌려 수많은 예술가, 과학자, 수공업자가 '암스테르담'이라는 번화한 도시로 몰려들었지요.

네덜란드의 선박은 아시아, 서아프리카, 미국에서 물품을 실어 왔어요. 또, 네덜란드 선원들은 일본에서 유일하게 교역을 허락받은 유럽인이었어요. 1600년에 영국 동인도 회사가 설립되어 세계적으로 사업을 벌였어요. 이에 지지 않으려고 네덜란드는 2년 뒤에 그들만의 회사를 세웠지요. 네덜란드 동인도 회사는 아시아 각지에 교역소를 두고 사설 군대도 갖추었어요.

일본과 중국에서는 특별히 네덜란드에 팔기 위해 왼쪽 코끼리 같은 도자기 장식품을 만들었어요.

1600-1750년 : 네덜란드의 독립 · 튤립 광풍

일확천금을 노리다

암스테르담의 상인들은 네덜란드 동인도 회사의 주식을 사들였어요. 나중에 엄청난 이윤을 남겨 팔 목적이었죠. 사람들이 저축한 돈을 투기사업에 투자했으니, 이때 세계 최초로 주식 시장이 생겨난 셈이지요.

17세기에는 빨간색과 하얀색 줄무늬가 있는 '셈페르 아우구스투스' 튤립 값이 가장 높이 쳤어요.

튤립 광풍

투자자들이 모두 똑같은 주식을 원할 때는 매입 경쟁이 과열되곤 했어요. 그 무렵 많은 유럽인이 터키에서 새로 들여온 튤립에 열광했어요. 투자자들은 희귀종 튤립 알뿌리의 주식을 거래했고, 이른바 '튤립 광풍'으로 불리는 매입 열풍으로 주가가 치솟았어요. 세계 최초의 주식 거품 현상이었지요. 하지만 가격이 너무 오르자 사람들은 매입을 멈췄어요. 그러자 가격이 곤두박질쳤고 투자자들은 돈을 모두 잃었어요.

중국의 병

1637년에 셈페르 아우구스투스 튤립 알뿌리 하나 값이 암스테르담의 저택 한 채 값과 맞먹었어요.

튤립의 알뿌리

서아프리카의 왕국들

베냉 여왕의 청동상

서아프리카에는 중세 시대에 선진화된 몇몇 왕국이 성장했어요. 그 왕국들은 부유한 도시, 효율적인 통치 체제, 법정과 화폐, 무역로를 갖추고 있었지요.

베냉 왕국(107쪽 지도의 1번 참조)은 '오바(왕)'의 통치를 받았어요. 오바는 여러 청동판으로 장식된 궁전에 살았는데, 청동판에는 종교 행사와 군대의 승리가 그려져 있었어요. 잘 훈련된 군대는 종종 전투를 벌여 영토를 확장했고 포로들을 노예로 데려왔어요.

해안의 무역상들

1440년대부터 서아프리카와 포르투갈 선원들 사이에 교역이 늘어났어요. 그들은 해안을 항해했고 요새로 에워싼 교역소들을 세워 갔어요. 포르투갈은 오바에게 놋쇠와 구리를 공급하며 군사적 보호와 상아, 금, 노예를 요구했어요.

베냉 왕국과 마찬가지로 오요 왕국(지도의 2번)과 아샨티 제국(지도의 3번)은 막강한 군대를 갖췄는데, 이들은 해안의 항구를 보호하고 경쟁 부족과 전쟁을 벌여 죄수 노예들을 빼앗아 왔어요. 이 두 나라는 17세기와 18세기에 네덜란드의 노예상과 거래해 부유해졌어요. 이들은 노예를 넘기고 무기를 얻었는데, 그 무기로 전쟁을 일으켜 더 많은 노예를 잡아들였어요.

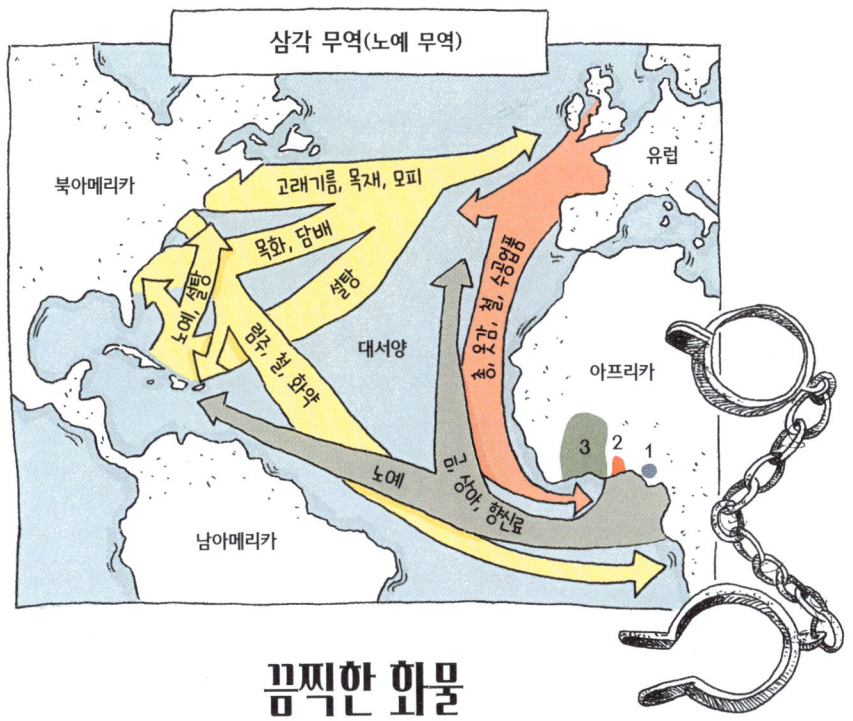

끔찍한 화물

유럽 무역상들은 1,000만 명 이상의 사람을 배로 실어 나르며 노예 무역을 국제적인 산업으로 만들었어요. 그들이 무자비하게 항해한 경로는 삼각형 형태를 띠어요. 유럽 무역상은 서아프리카에 총과 그 밖의 물품을 내려 주고 노예를 얻어 아메리카 대륙의 식민지로 떠났어요.

그 항해는 인간 화물들에게는 끔찍한 고문이었어요. 어둠 속에 쇠사슬로 묶인 채 갑판 아래의 비좁은 화물칸에 갇혀 있어야 했으니까요. 대서양을 건너던 중에 죽는 사람이 많았지요. 육지에 도착하자마자 남자, 여자, 어린이는 대농장에 노예로 팔려 갔어요. 노예선은 아프리카로 돌아가기 전에 배에 설탕, 럼주 등을 가득 싣고 고향인 유럽에 들렀어요.

대서양을 횡단하는 노예 무역은 1800년대에 금지됐지만, 여전히 세계 역사에 아물지 않은 상처로 남아 있어요.

연대표 : 근세 세계

시기	아메리카	유럽
1450년		1450년대-1500년대 : 르네상스의 절정기
	1492년 : 크리스토퍼 콜럼버스가 서인도 제도에 도착	1440년대 : 요하네스 구텐베르크가 유럽 최초로 인쇄술을 발명
	1497년 : 존 캐벗이 뉴펀들랜드에 도착	
	1499년 : 아메리고 베스푸치가 남아메리카에 도착	
1500년	1500년대 : 포르투갈 정착민들이 브라질에 도착	1517년 : 마틴 루터가 '95개조 반박문'을 쓰고, 종교 개혁을 일으킴
		1522년 : 마젤란과 엘카노가 최초로 세계 일주에 성공
	1519-1521년 : 콘키스타도르가 아즈텍족을 정복	1543년 : 코페르니쿠스가 행성들이 태양 주위를 돈다는 이론을 발표
1550년	1532-1572년 : 콘키스타도르가 잉카족을 정복	1547-1584년 : 폭군 이반이 러시아를 통치
		1556년 : 카를로스 1세가 합스부르크 제국을 분할
	1580년대 : 대서양 횡단 노예 무역 시작	1558-1603년 : 엘리자베스 1세가 영국을 통치
1600년		1581년 : 네덜란드 공화국이 형성
	1603년 : 프랑스의 식민지 정착민들이 캐나다에 도착	
	1620년 : 메이플라워호가 영국의 정착민을 태우고 북아메리카에 도착	1618-1648년 : 30년 전쟁
		1633년 : 갈릴레오가 가톨릭교회의 가르침에 반대했다는 이유로 구금당함
1650년		1636-1637년 : 튤립 광풍
		1642-1646년 : 영국 내전
		1643-1715년 : 루이 14세의 프랑스 통치
1700년	1699년 : 프랑스가 루이지애나 식민지 건설	1682-1725년 : 표트르 대제의 러시아 통치
		1685-1815년 : 계몽주의 시대
		1701-1714년 : 에스파냐의 왕위 계승 전쟁
1750년	1759년 : 영국이 프랑스로부터 퀘벡을 빼앗음	1762-1796년 : 예카테리나 대제의 러시아 통치

연대표 : 근세 세계

아프리카	아시아와 오스트레일리아
1440년대 : 포르투갈이 서아프리카에서 무역을 시작	
1487년 : 바르톨로메우 디아스가 유럽 최초로 아프리카 남단을 돌아 항해	 1498년 : 바스쿠 다가마가 유럽인 최초로 인도 항로를 개척
1505년 : 포르투갈의 무역상들이 동아프리카 해안에 항구 설립	1520-1566년 : 술레이만 대제가 오스만 제국을 통치
1516-1560년 : 오스만 제국이 북아프리카 대부분을 통치	1556-1605년 : 악바르 대제가 인도의 무굴 제국을 통치
	1588-1629년 : 압바스 대왕이 사파비 왕조의 페르시아를 통치
	1595년 : 네덜란드 무역상들이 동인도에 항구 설립
	1600년 : 영국 동인도 회사 설립
1616년 : 네덜란드와 프랑스의 무역상들이 서아프리카 해안에 항구 설립	1603-1868년 : 일본의 에도 시대
	1606년 : 네덜란드 탐험가들이 오스트레일리아에 도착
	1642년 : 네덜란드 탐험가인 아벌 타스만이 뉴질랜드에 도착
1652년 : 네덜란드 정착민들이 케이프 식민지를 정복	1644년 : 중국에서 명나라가 멸망하고 만주족의 청나라가 집권
 1700-1800년 : 아프리카의 베냉, 요요, 아샨티 왕국이 부유하고 막강해짐	 1730년 : 페르시아의 사파비 제국이 멸망

제4부
현대 세계

1750년대 이후

현대로 돌진하다

1750년대부터 변화 속도가 가파르게 빨라졌고, 일하는 방식과 통치하는 방식이 혁명적으로 변하면서 세계는 현대로 돌진했어요.

제국과 산업

17세기에 유럽 국가들이 세우기 시작한 여러 해외 식민지와 제국은 새로운 식품과 원재료를 제공했을 뿐만 아니라 엄청난 부를 선사했어요. 풍족해진 돈과 자원을 바탕으로 사람들은 새로운 기술을 발명하고 기계를 갖췄어요. 그 결과 18세기에서 19세기에 농업과 산업은 완전히 탈바꿈했고, 머지않아 들판은 공장과 도시와 발전소에 자리를 내줬어요.

이는 산업화의 시작이자 거대한 사회 변화의 서막이었어요. 사람들은 어느 때보다도 멀리, 빠르게 이동할 수 있게 되었어요. 철도, 증기선, 자동차의 발명 덕분이었지요.

1750년대-1850년대 : 농업 혁명과 산업 혁명

기계의 시대

1750년대부터 영국에서는 새로운 농기계를 발명하고, 새롭고 효율적인 농사법을 도입했어요. 이로써 수확량이 급증하고, 많은 사람이 양질의 식사를 하게 되었어요. 도시는 규모가 커져 갔고, 더욱 많은 발명품과 기계가 등장해 사람들이 생활하고 일하는 방식을 바꿔 놨어요.

이러한 변화를 '산업 혁명'이라 불러요. 영국에서 처음 거세게 일어난 산업 혁명은 발전의 본보기로서 전 세계로 빠르게 퍼져 나가 현대 사회를 형성했어요.

1750년대에는 영국인 열 명 가운데 한 명만 도시나 읍내에 살았어요. 정부는 공유지를 대규모 농장으로 전환하기 시작했어요. 수확, 심는 방법, 농기계가 개선되자 농지의 생산성이 아주 좋아졌어요.

농가에서 효율적인 생산이 가능해지자, 수많은 농장 노동자들이 실직했어요. 노동자들은 일자리를 찾아 도시로 떠났어요.

1780년대에 발명된 석탄 화력 증기 기관이 물을 퍼 올리고 기계를 돌렸어요.

엄청나게 많은 양의 석탄을 영국 탄광에서 가져왔고, 철을 강철로 제련해 엔진을 만들었어요.

아메리카를 얻기 위한 투쟁

1750년대에 유럽 열강들이 북아메리카의 넓은 영토를 획득했어요. 프랑스는 캐나다와 오대호 연안과 남쪽의 루이지애나, 에스파냐는 멕시코와 캘리포니아, 알래스카 국경 지대(훗날 러시아 땅이 돼요)를 차지했어요.

하지만 그들이 얻은 땅의 대부분은 들짐승이 우짖는 황야였어요. 그곳에는 덫을 쓰는 모피 사냥꾼, 상인, 광부가 드나드는 교역소와 외딴 소도시밖에 없었지요. 반면, 영국은 동해안을 따라 13개 식민지를 세웠고, 그곳은 사람과 농장과 회사로 성황을 이뤘어요.

식민지들의 반란

영국 식민지의 많은 정착민은 번영을 누리기 시작했어요. 그런데 영국 정부는 식민지에 엄격한 법률과 관세를 강요하며 교역을 어렵게 만들었지요. 식민 통치 방식에 있어서 정착민에게는 어떤 결정권도 주지 않았지요. 정착민은 런던에 있는 통치자들에게 분노했어요.

1773년, 영국 정부에 반대하는 사람들이 보스턴 항구에 모였어요. 시위자 무리가 영국 동인도 회사의 배를 습격해 찻잎이 든 화물 상자를 배 밖으로 내던져 버렸어요. 이를 '보스턴 차 사건'이라 불러요. 이 사건은 영국의 아메리카 지배에 맞서는 항의 물결의 신호탄이었어요. 영국 정부는 훨씬 가혹한 법을 도입하는 방식으로 응했고 뒤이어 군대를 보냈어요. 1775년에 최초의 총성이 울렸고, 이는 미국의 독립 전쟁으로 이어졌어요.

독립 선언

전투가 해안을 따라 거세지자 13개 주의 식민지 대표들이 필라델피아에 모였어요. 1776년 7월 4일에 대표들은 독립 선언문에 합의했고, 13개 주는 서로 연대하여 미합중국을 이루며 자치주로서의 권한을 지닌다고 선포했어요.

> 다음과 같은 사실은 자명한 진리로 받아들인다.
> 즉, **모든 인간은 평등하게 태어났고,**
> 창조주는 몇 개의 양도할 수 없는 권리를 부여했으며,
> 그 권리 중에는 **생명**과 **자유**와 **행복**의 추구가 있다.
>
> ⟨독립 선언문⟩ 중에서

선언문에 서명하는 대표들

1781년에 영국이 마침내 패배했고, 1789년에 미합중국은 조지 워싱턴을 초대 대통령으로 선출했어요. 신세계 식민지가 구세계의 주인을 내친 최초의 사건이었지요. 이로써 장차 세계 최강국이 될 나라가 탄생했어요.

해외로 뻗어 나간 영국

아메리카에서 영토를 잃고 충격을 받은 영국은 주의를 돌려 새 식민지를 세우고, 기존 식민지를 개발하는 데 힘썼어요. 특히 오스트레일리아와 뉴질랜드, 인도, 아프리카에서요.

죄수 나라

1770년에 제임스 쿡 선장은 오스트레일리아의 동해안을 발견하고 영국 땅이라고 선포했어요. 영국 정부는 오스트레일리아라는 새 식민지가 인도양과 태평양 사이의 발판이 되어, 영국이 무역 왕국으로서 융성하기를 바랐어요.

또한 고약한 목적도 있었어요. 영국에는 감옥들이 낡고 무너져 가는데 수감자는 많았어요. 쉬운 해결책은 죄수를 해외 식민지로 유형(죄인을 귀양 보내는 형벌) 시키는 방법이었지요. 이로써 1788년에서 1868년에 최소 16만 명에 이르는 성인 남녀와 어린이가 세계 반대편으로 이동했어요.

영국은 종신형을 받은 밀렵꾼과 살인범뿐만 아니라, 돼지 한 마리나 동전 몇 푼 훔친 사람도 7년 형을 내려 오스트레일리아로 보냈어요. 죄수가 석방되어 본국으로 돌아가려면 뱃삯을 치러야 했어요. 대개는 빈털터리였으니, 결국 편도 여행이었던 셈이지요.

1770-1840년 : 오스트레일리아와 뉴질랜드

위험한 방문객

1788년, 영국 죄수들을 수송하는 '최초의 선단'이 오늘날의 시드니 근방인 보터니만에 정박했어요. 곧 다른 정착민들도 도착했지요. 대부분은 양과 소를 기를 수 있는 땅에 정착했지만, 금을 찾아 나서는 사람들도 있었어요. 식민지가 번성하고 커지자 정착민들은 수천 년간 오스트레일리아 원주민이 조상 대대로 살아온 땅까지 정복했어요. 일부 부족은 강제로 유럽의 생활 양식을 받아들였지요. 수많은 원주민이 정착민이 옮긴 천연두와 그 밖의 질병으로 목숨을 잃었어요.

뉴질랜드가 대영 제국에 합류하다

쿡 선장은 뉴질랜드의 섬들도 개척했어요. 1770년대 후반부터 유럽인은 마오리족 원주민으로부터 땅을 빼앗아 정착하기 시작했어요. 1840년에 마오리족 족장 수백 명이 '와이탕기 조약'에 서명했어요. 마오리족의 땅과 그 밖의 자유를 누리되, 대영 제국의 빅토리아 여왕의 통치를 따른다는 내용이었어요. 하지만 이 조약으로 갈등을 피하지 못했고, 마오리족은 정착민이 장악한 땅을 되찾기 위해 투쟁했어요.

하지만 100년도 채 되지 않아 뉴질랜드와 오스트레일리아의 부족들은 대영 제국 국민으로서 세계 대전에 두 차례 참전해 영국을 지원했어요.

1789-1799년 : 프랑스 혁명

혁명의 시대

1700년대에 유럽 계몽주의 사상가들은 사람들에게 오래된 관념들에 의문을 제기하도록 북돋았어요. 이를테면, 과연 왕은 제멋대로 살 권리가 있는지에 관해서요. 그러면서 더욱 공평한 법과 자기 삶을 스스로 통제할 권리를 요구했어요. 프랑스 민중은 궁으로 쳐들어가 세계를 뒤흔들 혁명을 일으켜 권력을 잡았어요.

프랑스 민중이 들고 일어나다

프랑스는 계속된 흉년과 비용이 많이 드는 전쟁으로 허덕이고 있었어요. 많은 사람들이 굶주린 반면, 국왕 루이 16세와 귀족들은 사치품을 휘감고 생활했어요. 그 돈은 모두 소작농과 노동자들이 납부하는 세금이었죠. 1789년, 민중들은 정부에 반기를 들고 파리로 쳐들어왔고 곧 나라 전체가 혼란에 빠졌어요. 이를 '프랑스 혁명'이라고 해요. 1793년에 민중들은 왕을 처형했고, 프랑스가 국민에 의한 국민을 위한 공화정이라고 선포했어요. 이어서 수백 명이 넘는 사람들이 '공포 정치'라 불리는 폭거의 시대에 처형을 당했어요.

혁명파는 '기요틴'이라는 무시무시한 단두대로 왕과 귀족 수천 명의 목을 베었어요.

자유, 평등, 박애가 아니면 죽음을 달라.

1799-1821년 : 나폴레옹 보나파르트

나폴레옹 황제

유럽 왕들은 프랑스 혁명이 다른 나라까지 번지지 않도록 프랑스에 침략군을 보냈어요. 하지만 프랑스에는 비밀 병기가 있었어요. 바로 '나폴레옹 보나파르트'라는 총명하고 젊은 군사령관이었지요. 나폴레옹은 서유럽 전역에서 승리를 거두었고, 곧이어 프랑스도 이끌었어요.

1799년
나폴레옹이 프랑스를 장악했어요. 새로운 법과 권리 규정을 시행해 프랑스와 프랑스령 식민지의 질서를 회복했어요.

1804년
나폴레옹이 프랑스의 황제로 즉위했어요.

1805년
막강한 영국 해군이 트라팔가르 해전에서 프랑스 전함을 격퇴해 나폴레옹의 영국 침략을 막았어요.

1812년 무렵
나폴레옹이 서유럽 영토 대부분을 정복했어요.

1815년
워털루 전투에서 영국과 프로이센의 군대가 합세하여, 지쳐 빠진 나폴레옹의 군대를 무찔렀어요.

1814년
나폴레옹이 체포되어 지중해의 엘바섬에 유배되었어요. 하지만 탈출에 성공해 다시 집권했어요.

1812년
나폴레옹이 러시아를 침략해 몇몇 전투에서 승리를 거두지만 모스크바에서 퇴각했어요. 부하 수천 명이 차가운 눈보라를 맞으며 고향으로 돌아오는 길에 목숨을 잃었어요.

1815-1821년
나폴레옹은 남대서양의 파도가 거센 세인트헬레나섬에 유배되어 그곳에서 죽음을 맞았어요. 하지만 그의 승리와 프랑스 혁명의 여파는 전 유럽과 더 넓은 세계로 뻗어 갔어요.

혁명의 해

전 유럽인은 '자유, 평등, 박애'를 구호로 삼은 프랑스 혁명을 보며, 통치 방식에 대해 더 많은 결정권을 요구해야 함을 깨달았어요.

1848년에는 변화의 외침이 더욱 거세어졌어요. 여러 지역에서 일자리가 부족했고, 흉작이 계속돼 많은 사람이 식량 부족에 시달렸어요.

1848년 2월, 파리에서 일어난 반란은 비엔나, 부다페스트, 프라하, 프랑크푸르트, 나폴리 등 다른 도시에도 혁명의 물결을 일으켰어요. 이 혁명들은 무참히 진압됐지만, 사회·정치적 변화가 불가피함을 증명했어요.

민족적 정체성

사람들이 자유와 평등을 위해 저항하는 동안, 유럽의 여러 작가와 예술가는 낭만적 민족주의를 형성하며 박애 사상을 탐구했어요. 낭만적 민족주의는 같은 지역 사람들이 공통 언어와 문화를 바탕으로 민족적 정체성을 갖는 의식을 가리켜요. 이러한 움직임의 일환으로 독일의 그림 형제 같은 작가들은 전통 문화와 민담을 새롭게 되살렸어요.

낭만주의 시대의 작가와 예술가는 흔히 조국의 자연 풍경에서 영감을 얻었어요.

민족적 자부심

19세기에는 민족주의가 가속화되면서 유럽의 지도가 뒤바뀌었어요. 통치자로부터 독립하는 나라가 있는가 하면, 각 주가 뭉쳐서 새로운 나라를 이루기도 했어요.

15세기부터 줄곧 오스만 제국 치하에 있던 그리스는 1821년에 독립 전쟁을 시작했어요. 1832년, 마침내 오스만 제국은 그리스를 독립된 왕국으로 인정했어요.

1831년, 벨기에의 브뤼셀에서는 민족주의적 사상을 가진 사람들이 네덜란드 국왕인 빌럼 1세의 통치에 저항하는 거리 시위를 벌였어요. 일 년 뒤, 벨기에는 네덜란드에서 독립해 왕국을 세웠어요.

통일을 이루다

독일과 이탈리아는 몇 개의 주로 이뤄져 있었어요. 이탈리아 주들은 여러 나라의 통치를 받았는데, 카보우르의 백작인 카밀로 벤소가 북부를 장악하기 위해 투쟁했고, 남부에서는 주세페 가리발디 장군이 의용군을 이끌었어요. 두 사람이 세력을 합쳐, 1861년에 통일 국가 이탈리아가 탄생했어요.

그 무렵, 독일에서 가장 강성한 주는 프로이센이었어요. 빌헬름 1세와 오토 폰 비스마르크 총리가 통치했어요. 그들은 군비를 확충해 독일의 다른 주들을 장악했어요. 1871년에는 남아 있던 주들이 합류하기로 결의해 독일이 탄생했고, 빌헬름 1세는 최초의 독일 황제가 됐어요. 독일 황제를 일컫는 호칭을 붙여 '카이저 빌헬름 1세'라고도 불러요. '카이저'는 황제를 가리키는 '카이사르'에서 왔어요.

에스파냐 제국의 최후

사람 이름을 따서 나라 이름을 지은 경우는 역사상 흔치 않아요. '볼리비아'라는 나라 이름은 에스파냐로부터 해방을 이끌어 낸 용감한 기병대 장군인 시몬 볼리바르의 이름에서 따왔어요.

볼리바르는 1800년대 초에 남아메리카 전역을 아우르는 혁명에 착수했어요. 고국 베네수엘라에서 식민지 점령군을 몰아낸 뒤, 파나마, 콜롬비아, 에콰도르, 북부 페루를 차례로 해방시켰어요. 나폴레옹이 유럽에서 폭주하면서, 에스파냐군은 사기가 흐트러져 전투에서 번번이 패했던 것이지요.

대륙을 가로지르다

북쪽에서 볼리바르의 군대가 내려오는 동안, 남쪽에서는 아르헨티나의 자유 투사 호세 데 산마르틴이 군대를 이끌고 안데스산맥을 넘어 칠레가 해방되도록 도운 뒤, 승승장구하는 볼리바르와 페루에서 합류했어요. 수백만에 이르는 남아메리카 사람들은 에스파냐가 점령한 지 400년 만에 처음으로 독립을 맛보았어요.

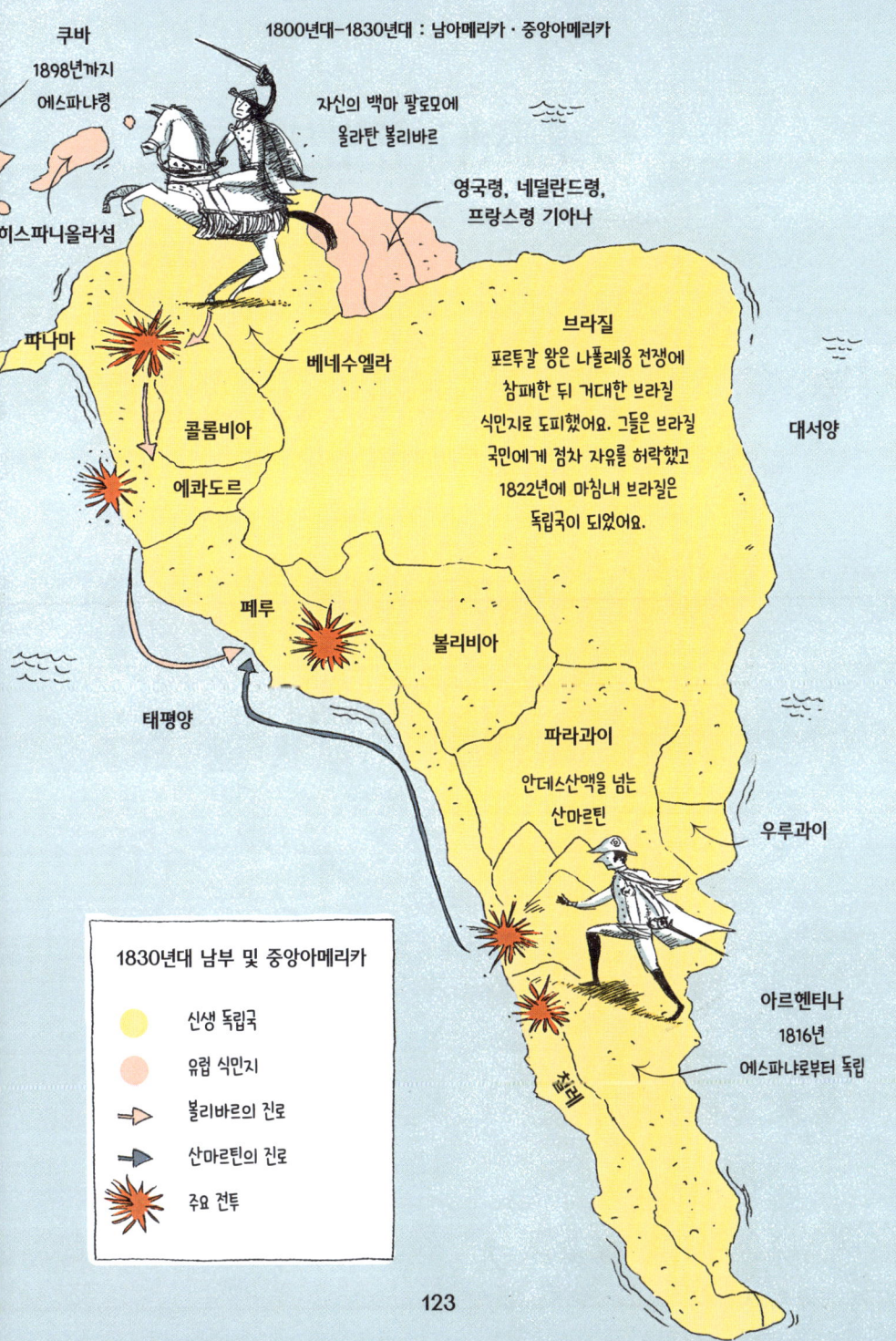

아메리카 정착민

새롭게 독립한 미국은 원자재와 농경지가 풍부한 나라였고, 근면과 창의성을 중시하는 문화가 바탕을 이루었어요. 수백만의 유럽인이 더 나은 삶을 찾아 배를 타고 건너오면서 나라는 번영했고 점점 커져 갔어요.

이주민들은 번창하는 도시로 일자리를 찾아왔고, 일부는 '서부'에 새로운 주를 세우며 정착했어요. 사람들 대부분은 서부를 정복할 땅이 펼쳐진 광대한 제국으로 봤어요. 1848년에 캘리포니아에서 금이 발견되자 수많은 사람들이 한밑천 잡기 위해 짐마차를 타고 캘리포니아로 몰려들었어요.

정착민과 원주민

정착민과 미국 군인은 100만 명 이상의 아메리카 원주민을 고향에서 몰아냈어요. 일부 부족은 땅을 지키기 위해 치열하게 싸웠고 몇몇 전투에서 승리를 거두기도 했지요. 하지만 원주민이 미국 군대를 대적하기에는 수적으로 열세였고 화력도 부족했어요. 몇몇 부족은 완전히 몰살당했고, 대다수는 1890년대에 보호 구역으로 이주했어요. 원주민들은 미국 군대의 감시를 받으며, 대개는 황무지인 넓은 보호 구역으로 걸어서 옮겨 갔어요.

서부 원주민의 땅에 마차 행렬이 도착해요.

1861-1865년 : 미국의 남북 전쟁

남북 전쟁

남부
연합군

1860년에 에이브러햄 링컨이 미국 대통령으로 선출됐어요. 당시에는 미국에 33개 주가 있었어요. 북부의 주에는 도시와 공장이 많았고, 남부의 주에서는 대농장을 운영해 노예 노동으로 수확한 목화와 담배를 수입원으로 삼았어요. 링컨이 노예 제도를 폐지하기로 결정하자, 남부의 주들은 독자적인 정부인 '남부 연합'을 세웠어요. 그 결과, 미국 역사상 가장 참혹한 전쟁이 시작되었어요.

양측 모두 끔찍한 살육을 저질렀고, 50만 명이 목숨을 잃었어요. 남부 연합군에는 뛰어난 장군이 많았지만, 북부 연방군은 더 많은 군사와 성능 좋은 무기, 발달한 철도망을 갖추었지요. 전쟁이 4년간 이어진 뒤, 반기를 들었던 주들이 항복했어요. 그들은 다시 미국의 연방 정부에 합류했고 노예 제도는 철폐되었어요.

자유의 땅

남북 전쟁이 끝나고 정확히 닷새 뒤, 노예제 지지자가 링컨 대통령을 암살했어요. 이는 계속해서, 특히 남부에서, 부당한 대우를 받는 흑인들이 장차 치러야 할 투쟁의 시작이었어요.

20세기에 들어서 도시에 전등과 전기 에너지가 도입되고 서부까지 철도가 부설되면서 미국은 부유해지고 국력이 막강해졌어요.

1880년대부터 배를 타고
미국에 도착하는 수많은 이주자들은 우뚝 솟은
자유의 상징, 자유의 여신상과
가장 먼저 마주했어요.

1857-1947년 : 인도의 군사 반란 · 라지(영국의 인도 통치)

제국을 향한 마지막 질주

영국 동인도 회사는 1600년대부터 인도에서 무역을 해 왔어요. 항구의 통제권을 얻고 식민지를 세운 뒤에는 점차 육지를 점령해 갔어요. 동인도 회사는 치안 유지를 위해 '세포이'라는 인도 병사를 고용했어요. 하지만 1857년에 이들이 반란을 일으켰어요.

총격을 시작하다

세포이는 인도의 대표 종교인 힌두교와 이슬람교를 믿었어요. 하지만 많은 이들이 영국으로부터 자신의 종교를 존중받지 못한다고 느꼈고, 토지세와 영국이 시행한 변화들을 못마땅해했어요. 그래서 벵골 지역 병사들이 사령관에게 총구를 돌리자 항쟁은 빠르게 번져, 결국 수천만의 반란군이 도시를 장악하고 영국 소유의 농장에 불을 질렀어요.

이에 영국에 충성한 부대들이 반란을 진압한 뒤, 영국 정부는 직접 통치를 시작했어요. 이를 인도어로 통치를 뜻하는 '라지'라고 해요. 빅토리아 여왕은 인도의 지방과 토후국(영국령에 속하지 않지만 영국의 감독 아래 현지인이 통치하던 나라)들을 감독할 총독을 임명했어요. 수많은 인도인들이 독립을 부르짖었지만 라지는 거의 100년간 유지되었어요.

1800년대-1914년 : 아프리카의 유럽인

아프리카 쟁탈전

1800년대, 유럽에게 아프리카는 먼 곳에 놓아둔 체스판이나 다름없었어요. 아프리카를 둘러싼 갈등이 유럽 내에서 심해졌고, 유럽 열강들은 앞다퉈 아프리카로 들이닥쳤어요. 제국주의적 야욕에 사로잡혀 영토를 빼앗고, 금과 부를 쌓을 목적이었어요. 이를 '아프리카 쟁탈전'이라고 불러요.

아프리카 남부의 원주민인 줄루족은 열강에 맞서 싸웠지만, 머지않아 드넓은 영토가 유럽의 손아귀로 넘어갔어요. 1884년에 유럽의 지도자들은 베를린 회의를 열고, 면적이 3,000만 제곱킬로미터에 달하는 아프리카 대륙을 자기들끼리 분할했어요. 수많은 아프리카 사람들이 새로운 통치자들의 횡포와 무자비한 처우에 고통받았고 저항했어요.

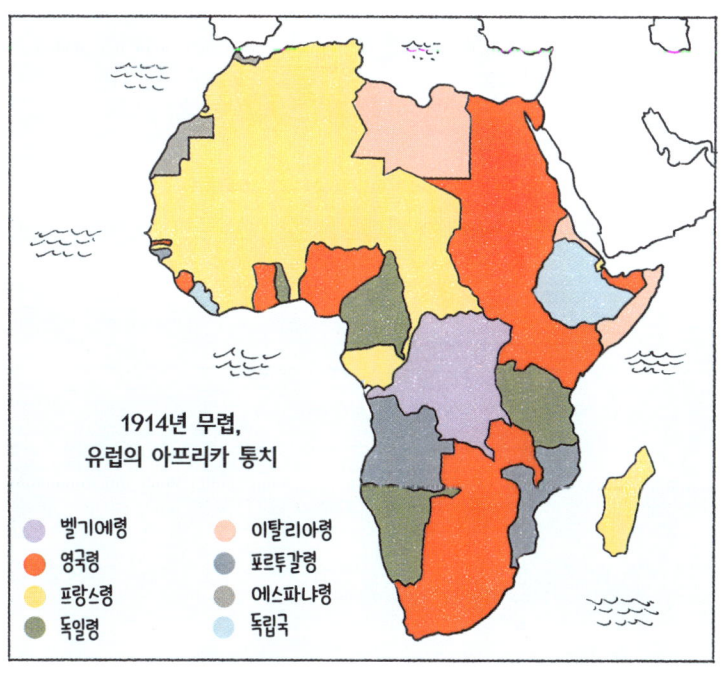

1830년대-1910년대 : 산업 혁신과 발명

밝은 미래

19세기에 생겨난 산업 도시의 생활은 대체로 지저분하고 험난했어요. 하지만 20세기로 넘어갈 무렵, 수많은 발명품과 혁신 기술이 도입되면서 더 자유롭고 건강한 삶과 새로운 오락거리를 즐기게 됐어요.

만국 박람회에서는 제조업자와 발명가가 최신 발명품을 자랑스레 전시했고, 수천 명의 방문객이 이를 보려고 모여들었어요.

건강 · 위생

1840년대: 최초로 수술 중에 마취약을 사용했어요.
1858년: 영국 런던에 모인 어마어마한 양의 쓰레기에서 풍기는 '지독한 악취' 때문에 토목 기술자와 도시 계획자가 현대적인 하수구 체계를 개발했어요.
1864년: 전쟁 부상자를 치료하는 적십자가 스위스 제네바에 설립됐어요.
1865년: 프랑스 화학자인 루이 파스퇴르가 세균이 질병을 일으킨다는 이론을 발표했어요.
1860년대-1870년대: 영국에서 조지프 리스터가 최초로 병원에서 살균제와 소독제를 사용했어요.
1895년: 독일 화학자 빌헬름 뢴트겐이 엑스선을 발견했어요.
1896년: 암 환자의 방사능 치료가 최초로 이뤄졌어요.

1800년대 후반부터 의료진은 흰 가운과 마스크를 착용하고, 물에 손을 씻고, 병원에 질병이 퍼지지 않도록 항균 스프레이를 사용했어요.

자, 무균 상태입니다.

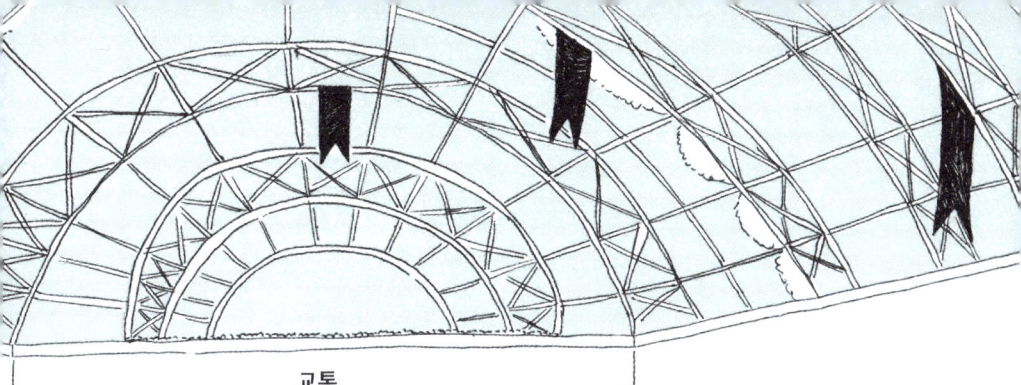

교통

1837년: 대서양을 횡단하는 증기선이 최초로 출항했어요.
1863년: 최초의 지하 철도가 런던에 개통됐어요.
1880년대: 브레이크와 기어가 달린 '안전' 자전거가 영국과 미국에서 처음 생산됐어요.
1885년: 세계 최초의 자동차가 만들어졌어요.
1903년: 미국의 오빌과 윌버 라이트 형제가 최초의 동력 비행기를 만들었어요.
1903년: 헨리 포드가 새로 자동차 공장을 세워 최초로 대량 생산 기술을 도입했어요.

독일의 카를 벤츠와 베르타 벤츠 부부가 세계 최초로 가솔린 자동차를 만들었어요.

조명·음향·영상

1837년: 루이 다게르가 은판 사진을 발명했어요.
1876년: 알렉산더 그레이엄 벨이 최초의 전화기를 만들었어요.
1877년: 토머스 에디슨이 최초의 축음기를 만들었어요.
1879년: 토머스 에디슨이 전구로 특허를 받았어요.
1881년: 에밀 베를리너가 축음기로 특허를 받았어요.
1888년: 조지 이스트먼이 '코닥 1호 카메라'를 생산했어요.
1895년: 뤼미에르 형제가 파리에서 단편 영화 10편을 선보였어요.
1900년대: 굴리엘모 마르코니가 최초의 라디오 공장을 세웠어요.

움직이지 마시고… 웃으세요!

몇몇 과학자들도 에디슨과 거의 같은 시기에 전구를 발명했지만, 자신의 설계로 특허를 받은 사람은 에디슨이 최초였어요.

중국의 위기

중국은 청나라 만주족 황제의 통치 아래에서 번성기를 보낸 뒤 19세기에 재앙과 맞닥뜨렸어요. 인구는 4억에 달했지만 수확량은 굶주린 사람들의 배를 채우기에 역부족이었어요. 중국 전역에서 기근과 반란이 이어지는 한편, 접경지대에서는 프랑스, 영국, 러시아, 일본 등이 전쟁을 위협해 왔어요.

중국은 한때 선진화된 문화와 과학 발전으로 세계의 부러움을 샀지만, 이제는 산업 국가들에 비해 한참 뒤처져 있었어요. 중국의 군대와 선박은 몹시 취약했지요. 그래서 영국이 홍콩 같은 주요한 교역 항구를 손에 넣고 중국의 무역을 통제하는 상황을 막을 길이 없었어요.

제국의 끝

중국인 수백만 명이 굶주리거나 황제에 맞서 반란을 일으켰다가 목숨을 잃었어요. 세기가 바뀔 무렵, 중국인 대부분은 현대에 살아남으려면 중국 또한 현대적인 생활 양식을 받아들이고 변화해야 한다고 인정했어요.

1911년에서 1912년에 중국에 '신해혁명'이 일어났어요. 마지막 황제는 2,000년간 이어진 전통과 통치에 마침표를 찍고 자금성의 왕좌에서 쫓겨났어요.

푸이 황제는 폐위될 때 겨우 여섯 살이었어요.

1830년대-1914년 : 중국과 일본

일본, 시류를 따르다

200년간 쇼군이 통치했던 일본은 1868년에 메이지 천황이 집권했어요. 그는 사무라이 무사단을 현대적인 군대로 대체했고, 일본을 다시 개항하게 만든 미국의 전함에 대항하기 위해 해군을 설치했어요. 다른 나라에서 교육, 사업, 법률 체계를 빌려 온 일본은 순식간에 거대한 산업 강국으로 바뀌었어요.

일본은 다른 나라의 영토와 전리품에 눈을 돌렸어요. 일본군은 중국과 몇 차례 치른 전투에서 빠르게 승리를 거둔 뒤, 1904년에 러시아 군대를 박살 내고 만주로 나아가 세계를 충격에 빠뜨렸어요.

중국과 일본의 주요 사건

1839-1842년: 중국과 영국 사이의 무역 분쟁인 아편 전쟁이 일어났어요.

1850-1864년: 청나라를 무너뜨리려던 태평천국 농민 혁명으로 2,000만 명이 죽었어요.

1854년: 일본이 미국과 무역 협정을 맺었어요.

1868년: 일본에서 천황이 쇼군으로부터 정권을 도로 빼앗았어요.

1880년대: 일본 기술자들이 증기 기관차를 만들기 시작했어요.

1894-1895년: 한국의 통치권을 차지하려고 일본이 중국과 전쟁을 벌였어요.

1900년: 의화단 운동을 일으킨 민중 들이 중국에 머무르는 외국인들을 공격했어요.

1904-1905년: 만주와 한국의 통치권을 두고 일본이 러시아와 전쟁을 벌였어요.

1912년: 청나라가 무너지고 중국이 공화국으로 바뀌었어요.

1914-1918년 : 제1차 세계 대전

전쟁에 휘말린 세계

1914년, 보스니아의 세르비아인 단체가 오스트리아 군주를 암살했어요. 보스니아가 오스트리아-헝가리 제국에서 독립하길 바랐기 때문이에요. 이로써 1880년대부터 유럽에서 고조되던 긴장은 폭발했어요. 이 사건은 군사 협정으로 얽혀 있던 국가들 간에 전쟁의 불씨를 당겼어요. 독일과 이탈리아, 오스트리아-헝가리 제국, 쇠락하는 오스만 제국이 한 축을 이루었고, 이에 맞서 프랑스와 러시아, 영국이 힘을 합쳤어요. 양쪽 다 자기편 군대의 승리를 확신하며 물러서길 거부했어요. 어떤 참사가 닥칠지는 누구도 상상하지 못했지요.

참혹한 전쟁

독일군이 벨기에와 프랑스를 침공했을 때 병사들은 폭격을 피해 땅을 파서 참호를 만들고 몸을 숨겼어요. 몇 주 뒤, 독일군의 참호도 영국 해협에서 스위스의 국경 지대로 삐죽빼죽한 선을 그리며 꿈틀꿈틀 다가왔지요.

프랑스의 사령관들은 빠른 승리를 예측했고, 크리스마스 무렵에는 전쟁이 끝나리라 생각했어요. 하지만 전투는 그 뒤로도 4년간 진흙투성이 참호 속에서 이어졌고 수백만의 생명을 앗아 갔어요.

1914-1918년 : 제1차 세계 대전

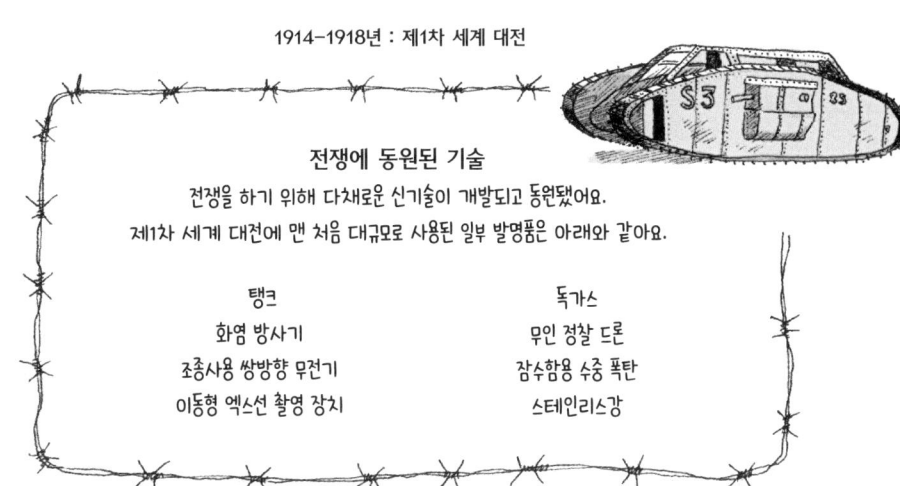

전쟁에 동원된 기술

전쟁을 하기 위해 다채로운 신기술이 개발되고 동원됐어요.
제1차 세계 대전에 맨 처음 대규모로 사용된 일부 발명품은 아래와 같아요.

탱크
화염 방사기
조종사용 쌍방향 무전기
이동형 엑스선 촬영 장치

독가스
무인 정찰 드론
잠수함용 수중 폭탄
스테인리스강

숨을 곳이 없어지다

유럽의 전쟁은 순식간에 세계 분쟁이 되었어요. 해군 전투가 먼 바다에서 벌어졌고, 잠수함과 폭격기가 선박과 도시를 공격했어요. 유럽은 해외 식민지에서 군인을 모집했고, 전쟁은 유럽 국가들이 지키고 싶어 한 아프리카, 중동, 극동의 일부 지역으로까지 번졌어요. 이 전쟁을 '제1차 세계 대전'이라 불러요.

전쟁의 끝

미국은 1917년에 영국과 프랑스를 지원하며 참전했어요. 독일과 동맹국들은 수적으로 열세인 데다 본국에서 식량 부족으로 폭동이 이어져 1918년에 항복했어요. 독일 국민은 승전국들에 전쟁 배상금을 치르느라 분투했어요. 이는 상처와 앙금을 남겼고, 훗날 무시무시한 결과를 불러왔어요.

1917-1921년 : 혁명과 러시아의 내전

붉은 별이 떠오르다

1917년, 러시아는 세계 대전에서 패배를 거듭했고, 혁명이 벌어져 차르 니콜라이 2세가 폐위된 뒤로는 내전을 맞았어요.

1917년 11월에 사회 운동가 레닌이 이끈 혁명 집단이 집권했어요. 레닌은 19세기 독일 사상가인 카를 마르크스의 이념을 좇았어요. 마르크스는 노동자가 주인을 몰아내고 공산주의 혹은 사회주의 국가를 건설해야 하고, 모든 국민이 국가의 재산과 산업 시설과 부를 공유해야 한다고 책에 썼어요.

소비에트 연방

레닌은 소작농에게 토지를 나눠 주고, 노동자에게 공장을 맡겼어요. 재산을 잃고 싶지 않았던 부유한 러시아인은 내전을 일으켰고, 전쟁 중에 차르와 그 가족, 즉 로마노프 일가가 암살당했어요.

1922년, 러시아는 분쟁을 끝내고 '소비에트 사회주의 공화국 연방'으로 이름을 바꿨어요. 줄여서 '소비에트 연방'이라고 불러요.

소비에트 연방의 깃발 옆에 보이는 사람이 '레닌'이에요.
본명은 블라디미르 일리치 울리야노프예요.
붉은 별은 공산당, 망치는 산업, 낫은 농업을 상징해요.

1922–1935년 : 소비에트 연방·중국의 공산주의

소비에트 연방의 농장은 더 생산적이고 거대한 '집단 농장'으로 통합됐어요.

만국의 노동자여, 단결하라!

스탈린의 철권 정치

레닌의 후계자인 이오시프 스탈린 통치 아래 소비에트 연방은 공장, 철강 산업, 철도를 갖춘 막강한 산업 국가가 됐어요. 하지만 스탈린은 무자비하고 병적으로 의심이 많은 통치자였어요. 자신에 반대하는 사람들을 모조리 처형했고, 무려 국민 4,000만 명의 목숨을 앗아 갔어요.

중국의 대장정

1927년, 중국에서는 국민당과 공산당이 내전을 일으켰어요. 1934년에 국민당 군대는 공산당이 장악한 남동부의 장시 지방을 공격했어요. 도주를 결심한 공산당은 안전한 곳을 찾아 북쪽으로 향했어요.

도보로 8,000킬로미터 이상 이어진 그들의 끈질긴 '대장정'은 10만 명으로 시작해 도중에 7만 명이 목숨을 잃었어요. 불굴의 투지를 보여 준 공산주의자와 강력한 지도자 마오쩌둥을 따라 많은 젊은이들이 합류했어요. 1949년에 비로소 공산당은 중국의 통치권을 장악했어요.

1920년대 : 재즈 시대 · 월가 폭락 · 대공황

재즈 시대

전쟁이 끝나자 각국 정부는 나라를 재건하고 세기 초에 달성했던 생활 수준을 회복하려고 노력했어요. 공장식 대량 생산이 이뤄지자 부유한 무역국에서는 더 많은 사람들이 자동차, 라디오, 전화기를 샀어요. 특히 미국은 새로운 음악과 패션이 등장하고 여성의 독립성이 증가하는 호황기를 누렸어요. 하지만 '재즈 시대'라고 불리는 이 시기는 전쟁의 공포 뒤에 반짝 찾아든 빛과 희망이었을 뿐, 순식간에 막을 내렸어요.

호황에서 불황으로

1929년, 미국 전역의 은행과 회사의 주가가 폭락했어요. 빚이 늘어나고 국제 무역이 감소했기 때문이지요. 이 재앙은 뉴욕 금융가의 이름을 빌어 '월가 폭락'이라 불렸어요. 그 파장은 곧 세계로 퍼져 나갔고, 이어서 '대공황'이 찾아왔어요. 공장은 문을 닫았고 수백만 명의 실업자가 생겨났어요. 많은 사람들이 노숙자가 되었고, 끼니를 위해 무료 자선 급식소에서 줄을 서야 했어요.

1920년대-1930년대 : 유럽의 독재자들

히틀러는 독일 전역에서 대규모 집회를 열었고, 열정적인 연설로 자신의 정책을 널리 알렸어요.

증오의 정치

경제 위기가 번지자 몇몇 민족주의 정치인은 세계가 직면한 문제를 소수 민족 탓으로 돌리며 증오심을 부추겼어요. 이탈리아의 베니토 무솔리니와 독일의 아돌프 히틀러를 비롯한 지도자들은 일자리와 부를 늘리려면 나라의 질서를 강력하게 유지해야 한다고 주장했어요. 그들은 군비를 모으며 독재자로 나섰어요.

에스파냐는 1931년에 공화국이 됐지만 민심은 분열했고 내전이 터졌어요. 프랑코 장군이 이끄는 반란군은 히틀러와 무솔리니의 지원을 받고, 신형 폭격기로 폭격해 민간인을 사살했어요. 프랑코는 결국 에스파냐에서 30년 넘게 독재 정권을 유지했어요.

불씨를 붙이다

히틀러의 나치당은 독일을 무기와 군대를 생산하는 전쟁 기계로 만들었어요. 나치는 1939년 9월에 폴란드를 침공했고, 이어서 세계를 사상 초유의 무시무시한 전쟁, 바로 '제2차 세계 대전'으로 몰아갔어요.

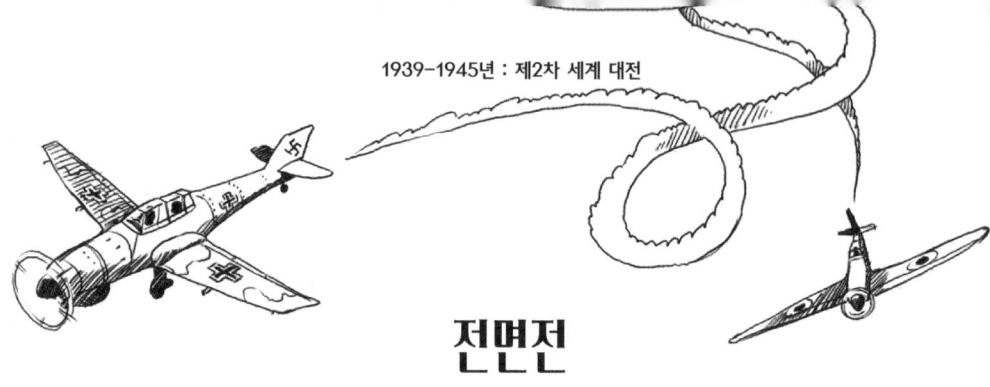

1939-1945년 : 제2차 세계 대전

전면전

히틀러가 이끄는 군대는 유럽 전역을 강타했어요. 도시를 불태우고 노략질하고, 방해가 되는 사람은 닥치는 대로 죽였어요. 나치는 유대인과 소수 민족을 샅샅이 찾아내 포로수용소로 보내고 재산을 빼앗았어요. 히틀러는 이탈리아, 일본 등과 조약을 맺으며 '추축국'을 꾸렸어요.

영국 참전

영국은 1940년에 서유럽의 자유 국가 중 마지막으로 추축국에 맞서는 연합군에 가담했어요. 독일군 잠수함이 영국 선박을 추적했고, 독일 폭격기가 몰려와 공장과 군사 기지와 가정집을 폭파했어요.

영국은 계속해 싸워 나갔고 원조를 요청했어요. 오래된 식민지인 캐나다, 인도, 오스트레일리아와 그 밖의 나라에서 지원군이 나섰어요.

참혹한 출정

1941년에 독일 병사 400만 명이 소비에트 연방으로 나아갔지만 대다수가 돌아오지 못했어요. 추위에 동사하거나, 소비에트 연방군과 벌인 대규모 전투에서 전사했기 때문이에요.

1939-1945년 : 제2차 세계 대전

거인을 깨우다

그 무렵, 동남아시아에서는 일본이 연합군보다 우세했어요. 하지만 1941년 12월 7일, 일본은 진주만에 있는 미국 해군 기지를 공격하는 치명적인 실수를 저질렀어요. 이로써 미국도 전쟁에 뛰어들어 태평양과 유럽으로 군대를 보냈어요.

1944년 6월, 연합군은 미국에서 온 새로운 부대를 충원해 프랑스에 상륙했어요. 진격해 오는 소비에트 연방군과 연합군 틈에 끼여 옴짝달싹 못하자, 히틀러는 자살했고 독일은 1945년 5월에 항복했어요.

필사적인 최후

한편, 일본의 천황은 최후의 순간까지 싸우기로 결정했어요. 하지만 1945년 8월, 미국이 무시무시한 무기인 원자 폭탄을 히로시마와 나가사키에 투하하자 항복할 수밖에 없었지요. 두 도시는 번뜩이는 섬광과 함께 잿더미로 변해 버렸고, 최종 사망자 수는 18만 5,000명에 달했어요. 새로 등장한 무시무시한 핵무기가 일으킨 먹구름 속에서 제2차 세계 대전은 막을 내렸어요.

홀로코스트

제2차 세계 대전은 아주 잔인하고 포악한 전쟁이었어요. 무엇보다도 나치는 유대인 학살이라는 가장 끔찍한 범죄를 저질렀어요. 전쟁 중에 유대인 600만 명이 대개는 나치의 집단 수용소에서 죽었어요. 이 수용소 가운데 일부는 오늘날에도 방문할 수 있도록 그대로 보존되어 있어요. 죽은 이들을 오래도록 기리고, 증오와 편협함에 저항할 것을 일깨우기 위해서지요.

1945년-오늘날 : 이스라엘과 중동

불편한 평화

세계 대전을 치른 뒤, 국제 평화를 위해 국제 연합이 설립됐어요. 줄여서 유엔(UN)이라고 불러요. 유엔은 첫 행보로서, 나치에게 참혹한 시련을 겪은 유대 민족에게 안전한 독립 국가를 허락했어요. 유엔은 유대 국가 '이스라엘'을 건국하도록 당시 영국령이던 팔레스타인을 분할했어요.

팔레스타인 사람들과 이웃한 아랍 국가들은 이스라엘이 팔레스타인 땅을 차지할 권리를 인정하지 않았어요. 이스라엘은 잇달아 전쟁을 벌였지만, 아직도 국경 지대에서는 무력 충돌이 이어지며 아랍-이스라엘 분쟁이 계속되고 있어요.

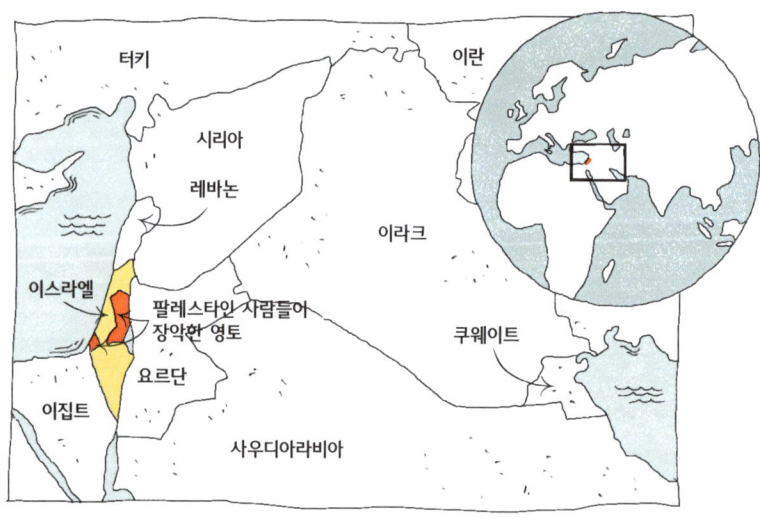

제2차 세계 대전 이후에 중동 지역은 석유가 나는 유전 소유권 분쟁뿐 아니라 종교 갈등 때문에 숱한 침략과 영토 다툼에 시달리고 있어요.

1945-1991년 : 냉전

편 가르기

전쟁 때 동맹 관계였던 미국과 소비에트 연방, 이 두 '열강'은 금세 관계가 얼어붙었어요. 전쟁이 끝난 뒤에 소비에트 연방은 발트해에서 흑해까지 철조망과 국경 검문소가 이어진 지뢰밭 '철의 장막' 뒤로 독일 절반과 동유럽 대부분을 통제했어요.

미국과 서구 열강은 소비에트 연방이 유럽을 장악하려 하자 걱정이 되었어요. 그래서 한 나라가 공격받으면 서로를 도와 방어하도록 북대서양 조약 기구를 만들었어요. 줄여서 '나토(NATO)'라고 불러요. 이처럼 '냉전'은 위협과 서로 믿지 못하는 상태에서 아무 진전 없던 시기로, 40년간 이어졌어요.

냉전 연대기

1949년 : 나토 형성. 베를린이 동서로 갈리며 독일 분단.
1950-1953년 : 한국 전쟁
1955-1975년 : 베트남 전쟁

1955년 : 소비에트 연방과 동유럽 국가들의 바르샤바 조약 체결
1961년 : 베를린 장벽 건축
1962년 : 쿠바 미사일 위기
1979년 : 소비에트 연방의 아프가니스탄 침공

서구 진영
(나토 회원국)

동구 진영
(바르샤바 조약 체결국)

1947년 : 인도의 독립과 분할

인도가 자유에 눈뜨다

제2차 세계 대전에서 약 250만 명의 인도인이 영국군으로 참전했어요. 영국 정부는 그 보답으로 전쟁이 끝난 뒤 인도에 독립을 허락하기로 약속했어요.

1947년 8월 15일 자정에 인도는 독립했지만, 역시나 두 나라로 쪼개졌어요. 힌두교도가 대다수인 지역은 인도가 되었고, 이슬람교도가 대다수인 지역은 동파키스탄과 서파키스탄이 되었지요. '분할'이 되는 동안 수백만 명이 이 나라에서 저 나라로 이동해야 했어요. 1,200만 명의 난민이 생겨났고, 뒤이은 혼돈과 폭력 사태에서 수십만 명이 목숨을 잃었어요.

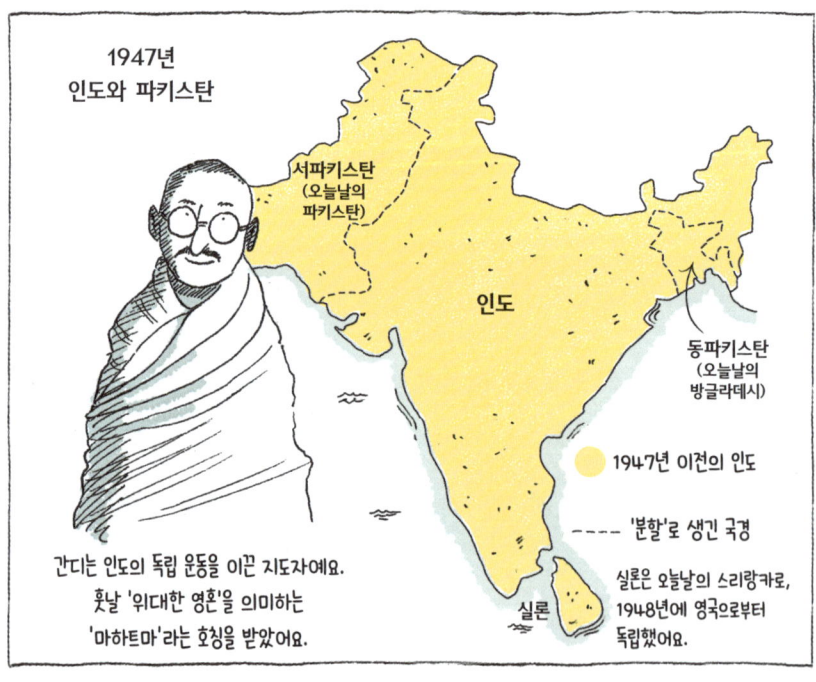

1948-1980년대 : 전후 이민 · 아프리카의 독립

이동하는 사람들

전쟁이 터지자 유럽 전역의 도시는 폐허가 되고, 가족들은 집을 잃었어요. 결국 많은 사람들이 새로운 삶을 찾아 오스트레일리아, 뉴질랜드, 미국 같은 나라로 이주했어요. 한편, 영국 정부는 나라를 다시 일으켜 세우기 위해 현재와 과거의 식민지 주민들을 초청했어요. 1948년, '엠파이어 윈드러시호'가 처음으로 자메이카에서 영국으로 이민객을 싣고 바다를 건너왔어요.

변화의 물결

1950년대에 아프리카 대륙 대부분은 여전히 유럽의 식민 통치를 받고 있었어요. 하지만 변화를 요구하는 외침이 늘어났어요. 1951년에 리비아가 아프리카에서 최초로 독립국이 되었고, 그 뒤로 30년간 40여 개 나라가 독립했어요.

어떤 지역에서는 평화적으로 독립이 이뤄졌지만 다른 지역에서는 반군이 통치자에 맞서 격렬히 싸웠고, 독립을 이룰 때까지 경쟁 세력들이 내전을 벌이곤 했어요.

1950년대-1960년대 : 시민권 · 시위 · 청년 문화

시민권

전쟁 이후에는 저항과 변화의 물결이 일었어요. 세계 각지에서 인종, 종교, 성별과는 상관없이 모든 인간이 동등한 권리를 누려야 한다고 주장하며 사람들이 거리로 쏟아져 나왔어요. 희망과 자신감이 넘치는 시대였지만 전쟁과 끔찍한 폭력이 여전히 도사리고 있었지요.

흑인 인권

1950년대에서 1960년대에 미국은 여전히 양분된 나라였어요. 남부의 여러 주에서 흑인은 식당과 버스, 기타 공공장소에서 백인과 떨어져 앉아야 했고, 일부 주에서는 흑인을 차별하는 법을 시행했어요.

마틴 루터 킹 주니어 목사는 인종 차별주의 철폐를 주장하는 평화로운 행진과 시위를 이끌었어요. 이는 미국의 존 F. 케네디 대통령이 지지한 전국적인 시민권 운동의 일부였어요. 시민권은 승리를 거뒀지만, 두 지도자 모두 신념 때문에 목숨을 잃었어요. 정신 나간 암살자의 총에 맞아 죽고 말았지요.

> 저에게는 꿈이 있습니다. 언젠가 이 나라가 떨쳐 일어나 국가 이념의 참뜻을 실현하리라는 꿈, 즉 '모든 인간은 평등하게 태어났다'는 진리를 우리 모두가 자명한 것으로 받아들이는 날이 오리라는 꿈 말입니다. ……저에게는 꿈이 있습니다. 저의 네 자식들이 피부색이 아니라 인격에 따라 평가받는 나라에서 살 날이 언젠가 오리라는 꿈 말입니다.
>
> 1963년 8월 28일, 마틴 루터 킹 주니어 목사가 〈미국 독립 선언문〉(115쪽 참조)을 인용한 연설문 중에서

1950년대-1960년대 : 시민권 · 시위 · 청년 문화

격변의 해

마틴 루터 킹 주니어 목사가 암살당한 1968년은 어느 때보다도 시민들의 불만이 봇물처럼 터져 나온 해였어요. 세계에서 특히 젊은이들이 인종 차별 철폐, 여성의 권리, 핵전쟁 끝 등을 외치며 행진했어요. 사고방식과 사회적 기대가 혁명적으로 변화하고 있었지요.

미국 전역과 미국 밖의 주요 도시에서 학생들은 베트남 전쟁에 항의하는 시위를 조직했어요. 미군이 베트남의 밀림에서 벌이는 전쟁 때문에 현지 사람들이 고통받고 있었기 때문이지요. 한편, 멕시코, 브라질, 에스파냐, 체코슬로바키아, 폴란드에서는 억압적인 정권에 저항하는 시위가 벌어졌어요. 이 시위들은 대개 폭력 시위로 바뀌었어요.

청년 문화

이 시기에 전쟁과 시위만 벌어지진 않았어요. 젊은이들은 규칙을 모조리 깨라고 외치는 새로운 장르의 음악, 즉 로큰롤에 맞춰 춤을 췄어요. 생각과 음악과 패션이 라디오, 텔레비전, 레코드판을 타고 빠르게 퍼져 갔어요. 밴드들은 세계 최초로 열린 록 페스티벌에서 엄청나게 많은 관중 앞에서 음악을 연주했고, 젊은 디자이너와 예술가는 새로운 양식을 실험했어요.

만리장성 너머

제2차 세계 대전이 끝나고 얼마 안 되어 중국에서는 '마오쩌둥'이 정권을 잡았어요. 1966년, 마오쩌둥은 권력을 확고히 다지고 국민들이 공산주의에서 이탈하지 않도록 '문화 대혁명'이라는 운동을 벌였어요.

이 운동은 학교와 대학을 폐쇄하고, 젊은이들을 부추겨 상관과 부모를 비판하게 했어요. '홍위병'이라는 십 대 청소년 투사들은 정권에 반하는 생각을 가진 사람을 닥치는 대로 공격하고 고문했어요. 이는 결국 1976년, 마오쩌둥이 죽은 뒤에 막을 내렸어요. 하지만 중국은 문화 대혁명이 불러일으킨 경제적 혼돈과 재앙과도 같던 인명 피해를 회복하는 데 오랜 시간이 걸렸어요.

새로운 정권

1985년, 소비에트 연방에서는 새 지도자 '미하일 고르바초프'가 집권했어요. 고르바초프는 나라를 현대화하기 위해 국민에게 자영업을 허용했고 처음으로 선거권을 부여했어요. 그리고 소비에트 연방은 더 이상 다른 동유럽 국가의 공산주의 정권을 지원하지 않겠다고 발표했어요.

1988년에 폴란드의 노동자 수천 명이 공산당 정부에 항의하는 시위를 이어 갔어요. 지도자들은 마지못해 선거를 실시했지요. 1990년, 마침내 폴란드에는 공산주의자가 아닌 수상과 대통령이 등장했어요.

장벽이 무너지다

1989년, 동독 정부는 서독 여행 규제를 없애는 데 동의했어요. 그러자 사람들은 베를린 시를 동서로 가르고 있던 장벽으로 기어 올라갔어요. 장벽은 곧 무너져 내렸고, 수천 명이 물밀 듯이 반대편으로 넘어왔어요.

1990년대 초, 냉전은 거리의 축제 분위기 속에서 막을 내렸어요. 소비에트 연방에서 여러 나라가 분리해 나왔고, 제2차 세계 대전 이후로 유럽을 분할했던 '철의 장막'이 걷혔어요.

동유럽 전역에서 민주 정부가 출범했고, 옛 미사일 기지는 녹슬도록 방치됐어요.

아프리카의 인종 격리 정책

남아프리카 역시 인종 차별적인 법과 사고방식으로 고통받았어요. '아파르트헤이트'라는 인종 격리 체제 아래에서 흑인은 선거에서 제외되고 백인과 분리돼 살아야 했지요. 넬슨 만델라는 폭력과 인종 차별을 끝내려고 애썼다는 죄로 27년간 수감됐어요.

1989년, 유엔과 세계 운동가의 압박에 못 이겨 남아프리카 정부는 더욱 공정한 법을 도입했고, 일 년 뒤에 만델라는 석방됐어요. 만델라는 남아프리카 공화국 최초로 흑인 대통령이 됐어요.

1960년대 이후 : 미래를 내다보다

우주 시대

냉전 기간 동안 미국과 소비에트 연방은 우주에 먼저 사람을 보내려고 경쟁했어요. 이 경쟁은 1961년에 소비에트 연방이 이겼어요. 하지만 1969년, 미국은 그다음 발걸음을 내디뎌, 우주 비행사 닐 암스트롱이 최초로 달에 착륙하는 모습을 온 세계 사람들이 지켜보았어요. 그 뒤로 수많은 우주 탐사가 이어졌고, 과학자들은 지구뿐 아니라 우주에 관해 많은 사실을 알아냈어요.

한 인간의 작은 걸음이지만 인류 전체의 위대한 도약입니다.

위기와 희망

지난 50년간 우리의 일상생활은 놀랄 만큼 달라졌어요. 의학이 크게 발전해 인류의 건강과 삶의 질이 더 좋아졌고, 인구가 폭발적으로 늘어났어요. 또한, 교통과 통신, 컴퓨터와 정보 기술이 발전해, 일하고 여가를 보내는 방식도 달라졌지요.

하지만 현대의 삶에는 대가가 따랐어요. 매연과 쓰레기 때문에 대기와 바다가 오염되었고, 천연자원은 바닥을 보이고, 화석 연료 사용이 지구 온난화를 불러와 재앙에 가까운 폭풍우와 가뭄이 찾아왔어요. 과학자, 압력 단체, 정치인은 지금도 지구를 지키기 위해 노력하고 있어요.

1960년대 이후 : 미래를 내다보다

새로운 개척을 향해

수백만 인구는 예전 세대보다 풍족하고 안전한 생활을 즐기는 반면, 나머지 수많은 사람들은 가난, 군사 분쟁, 굶주림과 씨름하고 있어요. 우리보다 먼저 세상에 온 사람들이 인권과 자유를 힘겹게 쟁취했지만, 이것을 모든 사람이 공평하게 누리는 날까지는 갈 길이 멀지요. 하지만 우리가 과학을 활용하고 좋은 뜻과 상상력을 최고로 발휘한다면 밝은 미래를 향해 다 함께 나아갈 수 있을 거예요. 인류의 호기심과 창의력과 끈기로, 오늘날 대양 횡단은 물론 우주여행도 가능해졌어요. 이다음에 우리는 또 어디에 다다르게 될까요?

1998년에 처음 발사한 국제 우주 정거장은 지구 주위를 도는 연구실이에요. 세계의 과학자가 함께 설계하고 일하는 이곳은 과학이 이룬 위대한 성취일 뿐만 아니라 세계 협력의 상징이에요.

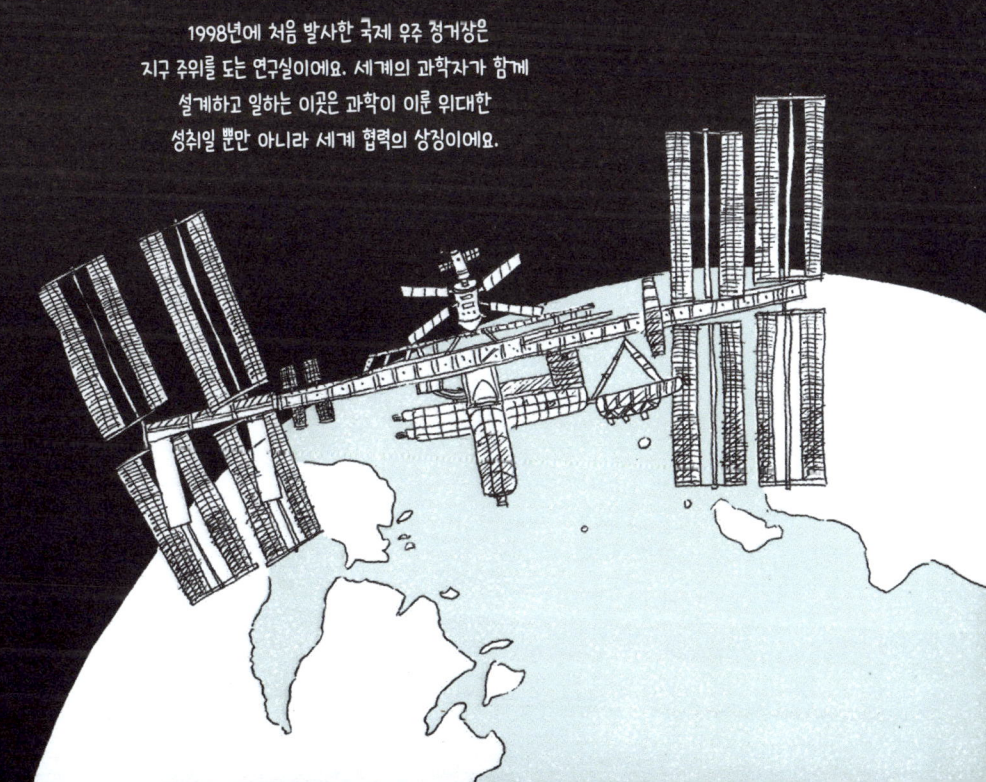

연대표 : 현대 세계

시기	아메리카	유럽
1750년	1763년 : 영국이 캐나다를 통치 1773년 : 보스턴 차 사건 1775-1783년 : 미국의 독립 전쟁 1776년 7월 4일 : 미국의 독립 선언 1789년 : 조지 워싱턴이 미국의 초대 대통령으로 선출됨	1750년대 : 산업 혁명이 영국을 시작으로 세계에 퍼졌어요. 1789-1799년 : 프랑스 혁명
1800년	1816-1824년 : 볼리바르와 산마르틴이 여러 남아메리카 국가의 독립을 위해 투쟁 1822년 : 브라질이 포르투갈로부터 독립	1799-1815년 : 나폴레옹 보나파르트가 프랑스에 집권하고, 유럽 여러 나라를 침략 1821-1832년 : 오스만 제국의 통치를 받던 그리스가 독립 전쟁을 일으킴
1850년	1848년 : 캘리포니아의 금광으로 사람들이 몰려들기 시작 1861-1865년 : 미국의 남북 전쟁 1876년 : 영국인 알렉산더 그레이엄 벨이 전화기로 특허 취득 1888년 : 노예 제도가 미국에서 완전히 사라짐	1848년 : 유럽 도처에서 혁명이 일어남 1861년 : 이탈리아의 통일 1871년 : 독일 제국 수립 1885년 : 독일의 카를·베르타 벤츠 부부가 세계 최초로 가솔린 자동차 발명
1900년		1895년 : 엑스선 발견

연대표 : 현대 세계

아프리카	아시아	오스트레일리아
	1757-1857년 : 영국 동인도 회사를 통해 영국이 인도 대부분을 장악	1768-1779년 : 제임스 쿡이 세 차례 항해하며 오스트레일리아, 뉴질랜드, 하와이 제도를 발견
1806년 : 영국이 남아프리카의 케이프 식민지를 장악		1788-1868년 : 영국 죄수들을 오스트레일리아의 유형지로 보냄
		1840년 : 영국이 와이탕기 조약을 체결해 뉴질랜드를 장악
1878년 : 줄루족은 보어인(네덜란드 정착민)을 무찌르지만, 영국에게 영토를 빼앗김	1857-1858년 : 인도의 군사 반란으로 영국이 인도를 직접 통치하게 됨	
	1868년 : 일본 메이지 천황이 쇼군으로부터 통치권을 되찾음	
1884-1885년 : 베를린 회의에서 유럽이 아프리카를 나눠 가짐	1885년 : 인도 국민회의가 형성돼 인도의 독립을 주장	
	1894-1895년 : 청일 전쟁	1893년 : 뉴질랜드 여성이 세계 최초로 선거권을 얻음

연대표 : 현대 세계

시기	아메리카	유럽
1900년	1903년 : 오빌·윌버 라이트 형제가 최초의 동력 비행기 발명	
		1914-1918년 : 제1차 세계 대전
	1917년 : 미국의 제1차 세계 대전 참전	1917년 : 러시아 혁명
	1920년대 : 재즈 시대	
	1929년 : 월가 폭락으로 대공황 시작	
	1941년 : 미국의 제2차 세계 대전 참전	1939-1945년 : 제2차 세계 대전
	1945년 : 유엔 기구 설립	1948년 : 체코슬로바키아, 헝가리, 폴란드, 루마니아, 불가리아에서 공산당이 집권
1950년		1949년 : 독일이 동서로 분단
	1958년 : 마이크로칩 발명	1953년 : 영국의 과학자들이 DNA의 구조를 발견
	1962년 : 쿠바 미사일 위기	1957년 : 유럽 경제 공동체 설립
	1963년 : 미국 케네디 대통령 암살	1961년 : 소비에트 연방의 유리 가가린이
	1968년 : 마틴 루터 킹 암살	인류 최초로 우주에 도착
	1969년 : 최초의 달 착륙	
	1981년 : 미국 우주 탐사선의 첫 비행	1989-1990년 : 폴란드에서 최초로 공산당이 아닌 수상과 대통령이 선출
		1989년 : 베를린 장벽 붕괴
		1989년 : 팀 버너스리가 월드 와이드 웹(WWW)을 발명
	1992년 : 유엔 환경 개발 회의가 브라질의 리우데자네이루에서 열림	1991년 : 소비에트 연방 붕괴
		1991-1995년 : 유고슬라비아 전쟁
		1998-1999년 : 코소보 전쟁
2000년		

연대표 : 현대 세계

아프리카	아시아	오스트레일리아
1899-1902년 : 영국이 보어인과 치른 보어 전쟁에서 승리해 남아프리카의 통치권을 획득	1904-1905년 : 러일 전쟁 1910년 : 일본의 한국 통치 1911-1912년 : 중국의 신해혁명	
1948년 : 인도의 델리에서 극단주의 힌두교도가 마하트마 간디를 암살	1918년 : 오스만 제국의 멸망 1920년 : 간디가 인도의 독립 운동을 시작 1922년 : 터키 공화국의 건국	1914-1918년 : 오스트레일리아와 뉴질랜드군이 제1차 세계 대전에 참전
1949년 : 남아프리카에 인종 격리 정책이 도입 1951년 : 리비아의 독립 1952-1955년 : 영국의 통치에 맞선 케냐의 반란 1957년 : 가나의 독립 1960년대-1980년대 : 아프리카 국가 대부분이 독립 1967-1970년 : 나이지리아 내전	1947년 : 인도와 파키스탄이 독립 1948년 : 이스라엘 건국 1948-1949년 : 제1차 아랍-이스라엘 분쟁 1950-1953년 : 한국 전쟁 1955-1975년 : 베트남 전쟁 1956년 : 제2차 아랍-이스라엘 분쟁 1966-1976년 : 중국의 문화 대혁명 1967년 : 제3차 아랍-이스라엘 분쟁 (6일 전쟁) 1971년 : 방글라데시 건국 1973년 : 이스라엘과 아랍 국가들의 욤 키푸르 전쟁	1939-1945년 : 오스트레일리아와 뉴질랜드군이 제2차 세계 대전에 참전
1990-1991년 : 남아프리카의 인종 격리 정책 폐지 1994-1999년 : 넬슨 만델라가 남아프리카의 대통령으로 선출됨	1980-1988년 : 이란-이라크 전쟁 1989년 : 중국의 천안문 사태로 시위자들이 학살됨 1990-1991년 : 걸프 전쟁 1993년 : 이스라엘과 팔레스타인의 평화 협정	1993년 : 원주민 토지 소유권 법안에 따라 오스트레일리아 원주민이 땅을 되찾음

찾아보기

ㄱ

가나 74, 79, 153
가나안 22-23, 25, 46
가리발디 121
가부키 97
가톨릭교회 54, 85, 86, 87, 92, 108
간디 142, 153
갈릴레오 갈릴레이 85, 108
걸프 전쟁 153
계몽주의 103, 108, 118
고대 문명 10-11, 36
고대 아메리카인 36
고대 종교 38-39
고르바초프 146
고트족 41
골리앗 23
공산주의(공산당) 134-135, 146, 152
공자 35, 47
공장 113, 129, 136
공포 정치 118
공화정 43, 47, 118
과학(과학자) 29, 30, 33, 53, 63, 82, 84, 85, 104, 129, 148, 149, 152
교역소 49, 74, 104, 106, 114
교통 22, 129, 148
교황 54, 55, 59, 61
교회 51, 54, 59, 61, 75, 86
구텐베르크 87, 108
국민당 135
국제 연합(유엔) 140, 147, 152
국제 우주 정거장 149
굴리엘모 마르코니 129
그리스 21, 29-31, 32, 47, 49, 53, 82, 83, 121, 150

그리스 정교회 54, 76, 77
그린란드 57
그림 문자 18, 34, 37
그림 형제 120
금(황금) 46, 75, 117, 124, 127, 150
금속 가공 9, 16
기계 112-113
기독교 39, 45, 50, 54, 55, 61, 75, 78
기사 57, 58, 59, 60
기술 128-129, 133, 148
기요틴(단두대) 118
길드 62

ㄴ

나가사키 139
나바테아 왕국 41
나이저강 74
나이지리아 내전 153
나일강 14
나치 137, 138-139, 140
나폴레옹 119, 122, 123, 150
나폴리 120
남아메리카 36, 41, 70-71, 90, 91, 108, 122, 123, 150
낭만주의 120
냉전 141, 147, 148
네덜란드 92, 104-105, 106, 108, 109, 121
네덜란드 동인도 회사 104, 105
넬슨 만델라 147, 153
노르만족 57, 78
노예 28, 30, 56, 73, 106-107, 125
노예 무역 106-107, 108
노예 제도(노예제) 125, 150

노예선 107
농노 58, 63, 98, 99
농사(농경, 재배) 9, 14, 16, 34, 36, 42, 57, 58, 59, 69, 71, 73
뉴질랜드 68, 69, 79, 109, 116, 117, 143, 151, 153
니콜라이 2세 134
닐 암스트롱 148

ㄷ

다가마 88, 109
다리우스 1세 29
다윗 23, 24
다이묘 68, 96
달 착륙 148, 152
당나라 64, 79
대 짐바브웨 74, 75, 79
대공황 136, 152
대량 생산 129, 136
대장정 135
델리 왕조 66
도서관 28, 33, 53
도시 9, 12, 13, 16, 17, 21, 22, 25, 28, 29, 30-31, 32, 35, 37, 47, 49, 51, 55, 62, 70, 71, 72, 74-75, 78, 79, 112-113, 120, 124, 125, 128, 133
도시 국가 13, 29, 30-31
독일(동독, 서독) 55, 121, 132, 133, 137, 138-139, 147, 150, 152
디아스 88, 109

ㄹ

라이트 형제 129, 152
라지 126

찾아보기

라틴어 39, 44, 54, 86
라틴족 42
랄리벨라 74, 75, 79
러시아 57, 66, 76, 77, 98-99, 108, 119, 132, 134, 135, 152
러시아 혁명 134, 152
레닌 134
레오나르도 다빈치 83
로마(로마 제국) 15, 39, 41, 42-45, 46, 47, 49, 50
로마노프 왕조 99, 134
로버트 훅 85
로제타석 19
로큰롤 145
롱십 56
뢴트겐 128
루스 76
루이 14세 102, 103, 108
루이 16세 118
루이 다게르 129
루이지애나 108, 114
뤼미에르 형제 129
르네상스 49, 82-84, 108
리비아 143, 153
리우데자네이루 152
링컨 125

ㅁ

마그나 카르타(대헌장) 61, 78
마르코 폴로 65, 79
마르크스 134
마야 37, 46, 70, 78
마오리족 69, 79, 117
마오쩌둥 135, 146
마우리아 제국 40, 47
마젤란 89, 108
마추픽추 70
마케도니아 32-33, 40

마틴 루터 86, 108
마틴 루터 킹 목사 144, 145, 152
만리장성 35, 41, 95, 146
만주족 95, 109, 130
말리 왕국 74, 79
메디나 50, 52
메디아 27
메디치 82
메소포타미아 13, 22, 46
메이지 천황 131, 151
메이플라워호 108
메카 50, 51, 52, 74, 79
멕시코 72, 90, 122, 145
명나라 94-95, 109
모나리자 83
모라비아 76
모스크(이슬람 사원) 53, 74, 75, 77
노스크바 98, 119
모헨조다로 16
몽골족 41, 65, 66, 76, 94, 95, 98
무굴 제국 100-101, 109
무사 케이타 1세 74, 79
무솔리니 137
무역 도시 28, 29
무역(교역) 9, 20, 21, 24, 26, 42, 55, 57, 75, 81, 90, 95, 97, 103, 104, 106, 109, 114, 116, 126, 131
무역국 41, 136
무역로 88, 98, 106
부억상 25, 35, 41, 51, 106, 107, 109
무함마드 51, 52, 79
문자 10, 12, 18-19, 20, 21, 33, 34, 37, 46
문화 대혁명 146, 153

미국(미합중국) 90, 97, 114, 115, 124-125, 128, 131, 133, 136, 139, 141, 144-145, 148, 150
미국의 남북 전쟁 125, 150
미국의 독립 선언 115, 150
미국의 독립 전쟁 114-115, 150
미나모토 요리토모 68
미노스 왕 20
미케네 문명 21, 47
미켈란젤로 83
민족주의 120, 121, 137
민주주의 30

ㅂ

바그다드 50, 57, 79
바르샤바 조약 141
바빌로니아 제국 13, 27, 28, 46
바빌론 13, 27, 28, 33
바이킹 55, 56-57, 70, 76, 78
반달족 45, 50, 79
발루아 왕가 92
발명(발명가, 발명품) 8, 10, 12, 18-19, 44, 46, 64, 83, 84, 85, 87, 108, 111, 112, 118, 128-129, 133, 152
방글라데시 142, 153
베냉 왕국 79, 106, 109
베네수엘라 122, 123
베네치아 65
베두인족 51
베를린 141, 147
베를린 장벽 141, 147, 152
베를린 회의 127, 151
베이징 65, 94
베트남 전쟁 141, 145, 153
벤츠 129, 150
벨기에 83, 121, 132

찾아보기

벵골 126
보스턴 차 사건 114, 150
보어인 151, 153
보터니만 117
보헤미아 76, 93
볼리바르 122-123, 150
볼리비아 122, 123
봉건 체제 57, 58-59, 63
부다페스트 120
부르봉 왕가 92
부시먼 41
북대서양 조약 기구(나토) 141
북아메리카 36, 41, 70, 71, 78, 90, 91, 108, 114
불가리아 76, 152
불교 38, 47, 67, 68
붓다 38
브라질 90, 108, 123, 145, 150, 152
브뤼셀 121
블라디미르 1세 76
비단 33, 35, 65, 81, 95
비단길 35, 49, 65
비스마르크 121
비엔나 100, 101, 120
비자야나가르 제국 66, 79
비잔티움 45
비잔틴 제국 45, 50-51, 54, 61, 76-77, 78, 79
빅토리아 여왕 117, 126
빌럼 1세 121
빌헬름 1세 121
빙하기 7, 8, 36, 47

ㅅ

사르곤 13
사르마티아족 41
사무라이 68, 96, 131
사바 왕국 41
사울 23
사파비 왕조 100, 101, 109
산마르틴 122, 123, 150
산업 혁명 112-113, 150
30년 전쟁 93, 108
상나라 10, 34, 47
상크트바실리 대성당 98
상형 문자 18, 19
샤를마뉴 55, 78
서고트족 41, 45, 50
서기관 18, 20
서인도 제도 90, 91, 108
선 문자 A 20
선 문자 B 21
선교사 54
성 57, 60
성지 61, 74, 75
성지 순례(하지) 52, 74, 79
세포이 126
셀주크족 76, 79
소비에트 연방 134-135, 138-139, 141, 146-147, 148, 152
소작농 58, 59, 63, 98, 118, 134
소작농의 반란 63
솔로몬 24, 41
송가이 왕국 74
송나라 64, 79
쇼군 68, 79, 96, 97, 131, 151
수공업자 8, 16, 20, 22, 34, 42, 62, 104
수나라 64, 79
수도사 54, 55, 87
수도원 54, 55, 56
수렵·채집인 7, 8, 9, 36
수메르 10, 11, 12-13, 16, 18, 46
수코타이 왕국 66, 67
술레이만 대제 100, 109
스웨덴 56, 99

스위스 86, 93, 128, 132
스키타이인 41
스탈린 135
스톤헨지 17
스파르타 29, 30, 31
슬라브족 76
시리아 26, 32, 44
시민권 144-145
시스티나 성당 83
시칠리아 57
시황제 35
신도(일본 종교) 68
신바빌로니아 27, 46
신성 로마 제국 55, 78, 92, 93
신전 12, 14, 24, 28, 30, 31, 36, 37, 44, 71, 73
신해혁명 130, 153
십자군 전쟁 61, 63, 79
싯다르타 38, 47
쐐기 문자 18

ㅇ

아라비아 41, 49, 50, 52, 53, 55, 75, 79
아랍 국가 140, 153
아랍-이스라엘 분쟁 140, 153
아르헨티나 122, 123
아리아인 40, 47
아메리고 베스푸치 89, 108
아메리카 7, 57, 70-71, 89, 90, 107, 114, 116
아메리카 원주민 70-71, 124
아모리족 13
아벌 타스만 109
아샨티 제국 106, 109
아시리아 제국 27, 28, 46
아시아 7, 41, 64, 67, 81, 89, 104, 151, 153
아우구스투스 황제 43

찾아보기

아이슬란드 57
아즈텍 70, 72-73, 78, 90, 108
아카드 13, 46
아테네 29, 30, 31
아편 전쟁 131
아프가니스탄 141
아프리카 7, 9, 14, 41, 44, 46, 51, 52, 53, 74-75, 79, 88, 104, 106, 107, 109, 116, 127, 133, 143, 147, 151, 153
아프리카 쟁탈전 127
악바르 대제 100, 109
악숨 왕국 41
안데스산맥 36, 71, 122, 123
안드레아 팔라디오 83
알렉산더 그레이엄 벨 129, 150
알렉산드로스 대왕 32-33, 46, 47
알렉산드리아 32, 33
알파벳 19
암스테르담 104-105
압바스 대왕 100, 109
앙코르 67
앨프레드 대왕 55, 78
얀 반에이크 83
에도 시대 96-97, 109
에밀 베를리너 129
에스키모 41
에스파냐 44, 52, 90, 91, 92, 93, 103, 108, 114, 122, 123, 137, 145
에스파냐 내전 137
에스파냐 왕위 계승 전쟁 103, 108
에스파냐 제국 122-123
에콰도르 122, 123
에트루리아 42, 47
에티오피아 75, 79
엑스선 128, 133, 150

엘리자베스 1세 108
엘카노 89, 108
엠파이어 윈드러시호 143
연금술사 84
영국 17, 44, 55, 57, 61, 78, 108, 112, 114, 115, 116, 117, 119, 126, 128, 130, 131, 132-133, 138, 142, 143, 150-154
영국 내전 102
영국 동인도 회사 104, 109, 114, 126, 151
예루살렘 24, 25, 61, 75
예수 6, 39, 46
예카테리나 대제 99, 108
오스만 1세 76, 79
오스만 제국 76-77, 79, 81, 93, 100, 101, 109, 121, 132, 150, 153
오스트레일리아 7, 41, 47, 69, 79, 109, 116-117, 138, 143, 151, 153
오스트레일리아 원주민 47, 69, 117, 153
오스트리아 92, 93, 103
오스트리아-헝가리 제국 132
오요 왕국 106, 109
올림픽 대회 30
올메크 문명 11, 36, 37, 46
와이탕기 조약 117, 151
왕 9, 12, 13, 60, 118
왕권신수설 102
욤 키푸르 전쟁 153
워털루 전투 119
원나라 65, 94
원로원 43
원자 폭탄 139
월가 폭락 136, 152
유고슬라비아 전쟁 152

유다 왕국 24
유대교 39, 46
유대인 24, 39, 45, 51, 138-139
유럽 7, 20, 41, 42, 47, 49, 54, 58-59, 60-61, 62-63, 77, 79, 81, 82-83, 86-87, 88-89, 90-91, 92-93, 95, 98-99, 102-103, 132, 137, 138-139, 141, 143, 147
유리 가가린 152
유목 민족(유목민) 22, 41, 49, 51, 64, 65, 72
유스티니아누스 황제 51, 78
유프라테스강 12
6일 전쟁 153
은행 63
의화단 운동 131
의회 61, 102
이누이트 70
이란-이라크 전쟁 153
이반 4세(폭군 이반) 98, 99, 108
이사벨라 데스테 83
이스라엘 23, 24, 25, 140, 153
이스탄불 77
이스터섬 69, 79
이슬람 제국 52, 61, 76, 79, 92, 100-101
이슬람교 49, 51, 52, 54, 79, 126
이주 76, 124, 143
이집트 10, 14-15, 18, 19, 22, 23, 26, 27, 32, 33, 41, 44, 46, 52
이탈리아 42, 43, 57, 63, 82, 121, 132, 137, 138, 150
인더스 계곡 16, 19, 32, 40, 47
인더스 문명 10, 16, 19, 47
인도 27, 32, 33, 38, 40-41, 47,

찾아보기

53, 66, 79, 88, 100, 101, 109, 116, 126, 138, 142, 151, 153
인도의 군사 반란 126, 151
인쇄술 87, 108
인종 격리 정책 147, 153
일본 68, 79, 96-97, 109, 130, 131, 138-139, 151, 153
잉카(족) 70, 71, 78, 90, 108

ㅈ

자금성 94, 130
자메이카 143
자유농 58
재즈 시대 136, 152
정복 왕 윌리엄 57
제1차 세계 대전 132-133, 152, 153
제2차 세계 대전 137, 138-139, 142, 152, 153
제임스 쿡 116, 117, 151
조지 워싱턴 115, 150
조지 이스트먼 129
조지프 리스터 128
존 왕 61, 78
종교 개혁 86-87, 93, 108
종교 재판 85
주교 54, 61
주나라 34
줄루족 127, 151
중국 9, 10, 19, 33, 34-35, 41, 47, 64-65, 68, 75, 79, 94-95, 109, 130-131, 135, 146, 153
중동 9, 11, 23, 26-27, 28, 46, 133, 140
중앙아메리카 36, 37, 46, 72-73, 123
증기 기관 112, 113

증기선 97, 111, 129
지구라트 10, 12, 37
지도
  고대 문명 10-11
  페니키아와 동부 지중해 25
  중동 최초의 제국들 26-27
  5세기 이후 과거 로마 제국의 민족 50
  700년경-1400년대 아메리카 70
  1419-1522년 대항해 시대 88-89
  1500년대 무렵 이슬람 제국 101
  삼각 무역(노예 무역) 107
  1830년대 남부 및 중앙아메리카 122-123
  1914년 무렵, 유럽의 아프리카 통치 127
  제2차 세계 대전 이후의 중동 140
진나라 35

ㅊ

차빈족(차빈 문명) 11, 36, 46
찬드라굽타 마우리아 40
찰스 1세 102
찰스 2세 102
천황 68, 97, 131, 139
철의 장막 141, 147
청나라 95, 109, 130, 131
체코슬로바키아 145, 152
최초의 선단 117
칠레 122, 123
칭기즈 칸 65, 79, 98, 100

ㅋ

카르나크 열석 17
카르타고 25, 46

카를 5세 93
카를로스 1세 92, 93, 108
카를로스 2세 103
카리브해 89
카밀로 벤소 121
카스트 제도 40
카이사르 43, 98, 121
카이사르 43, 98, 121
카호키아 70, 71
칼리프 52-53, 79
캄보디아 67, 79
캐나다 90, 108, 114, 138, 150
캐벗 89, 108
캘리포니아 114, 124, 150
케네디 144, 152
케이프 식민지 109, 151
켈트인 42, 47
코린토스 29
코페르니쿠스 85, 108
콘스탄티노플 45, 50, 51, 57, 77, 78, 81
콘스탄티누스 황제 45
콘키스타도르 90, 108
콜럼버스 89, 90, 108
쿠바 미사일 위기 141, 152
쿠빌라이 칸 65, 68, 79
쿠시 왕국 41
퀘벡 108
크노소스 20, 21
크레타 문명 10, 20, 47
크레타섬 20
크로아티아 76
크메르 왕국 66, 67, 79
클레오파트라 15
키예프 76

ㅌ

태평천국 농민 혁명 131
탱크 133

찾아보기

터키 76, 105, 153
테노치티틀란 70, 72
테오도라 황후 51
토머스 에디슨 129
투탕카멘 15
튜더 왕조 92
튤립 광풍 105, 108
트라팔가르 해전 119
트로이 21
티그리스강 12
티무르 66, 79
팀북투 74, 75

ㅍ

파나마 122, 123
파라오 14, 15, 33
파리 118, 120, 129
파스퇴르 128
파키스탄 142, 153
파피루스 18
팔레스타인 23, 61, 140, 153
페니키아 19, 25, 46
페루 95, 122, 123
페르시아 27, 28, 29, 32, 66, 100, 109
펠로폰네소스 전쟁 31
펠리페 2세 93
펠리페 5세 103
평원 인디언 70
포르투갈 76, 88, 90, 95, 106, 108, 109, 123, 150
폴란드 76, 137, 145, 146, 152
표트르 대제 99, 108
푸에블로 70, 71, 78
푸이 황제 130
프라하 120
프랑스 17, 57, 90, 102, 103, 108, 109, 118-119, 120, 132, 133, 150

프랑스 혁명 118-119, 120, 150
프랑코 장군 137
프랑크 왕국 55
프랑크푸르트 120
프로이센 119, 121
프로테스탄트(개신교) 86, 87, 93
프톨레마이오스 33
피라미드 10, 15, 46
필리스티아 23, 25, 46
필리포스 2세 32
필사 55

ㅎ

하와이 151
한국 131
한국 전쟁 141, 153
한나라 35, 47, 64
함무라비 왕 13
합스부르크 92, 103, 108
해부학 53, 84
해양 민족 23, 26
해적 91, 95
핵무기 139
핵전쟁 145
헝가리 76, 152
헨리 3세 61
헨리 8세 92
헨리 포드 129
헬레네 21
홀로코스트 139
홍위병 146
홍콩 130
화약
훈족 41, 50
흑사병 63, 78, 79
흙더미 쌓는 사람들 70, 71
히로시마 139
히브리 22-24, 39, 46

히타이트 26, 27, 46
히틀러 137, 138-139
힌두교(힌두교도) 38, 47, 66, 67, 100, 126, 142, 153

인터넷에서 자료 찾기

어스본 영문 홈페이지에서 바로가기 링크를 살펴보세요.
다양한 자료들을 통해 역사를 흥미진진하게 배울 수 있어요.
다만 연결되는 웹사이트는 모두 영문으로 제공된답니다.
어스본 바로가기(www.usborne.com/quicklinks)에 방문해,
검색창에 'short history of the world'를 입력해 보세요.

웹사이트에서 할 수 있는 학습 활동은 다음과 같아요.

* 가상 현실에서 고대의 도시와 성을 다시 지어 보기
* 이 책에 나오는 사람들과 사건에 대해 더 알아보기
* 세계사의 주요 사건들에 대한 동영상 시청하기
* 전 세계의 박물관에서 문화재와 보물을 살펴보기

앨리스 리즈, 헤일리 웰스 디자인 · 스티븐 몬크리프 총괄 디자인 · 제이미 볼, 이언 맥니 추가 디자인

A SHORT HISTORY OF THE WORLD
First published in 2018 by Usborne Publishing Ltd., Usborne House, 83–85 Saffron Hill, London, EC1N 8RT, United Kingdom.
www.usborne.com Copyright © 2018 Usborne Publishing Ltd.
The name Usborne and the devices ⓨ ⓤ are Trade Marks of Usborne Publishing Ltd.
All rights reserved. No part of this publication may be reproduced, stored in any retrieval system, or transmitted in any form or by any means, electronic, mechanical, photocopying, recording or otherwise, without the prior permission of the publisher. UKE.

Korean translation copyright © 2018 Usborne Publishing Ltd.

이 책의 한국어판 저작권은 Usborne Publishing Ltd.에 있습니다. 저작권법에 의하여 한국 내에서 보호를 받는 저작물이므로 무단전재와 복제를 금합니다.
어스본 이름과 ⓨ ⓤ 는 Usborne Publishing Ltd.의 트레이드 마크입니다. 구입 문의 영업(통신판매) 02)6207-5007 팩스 02)515-2007